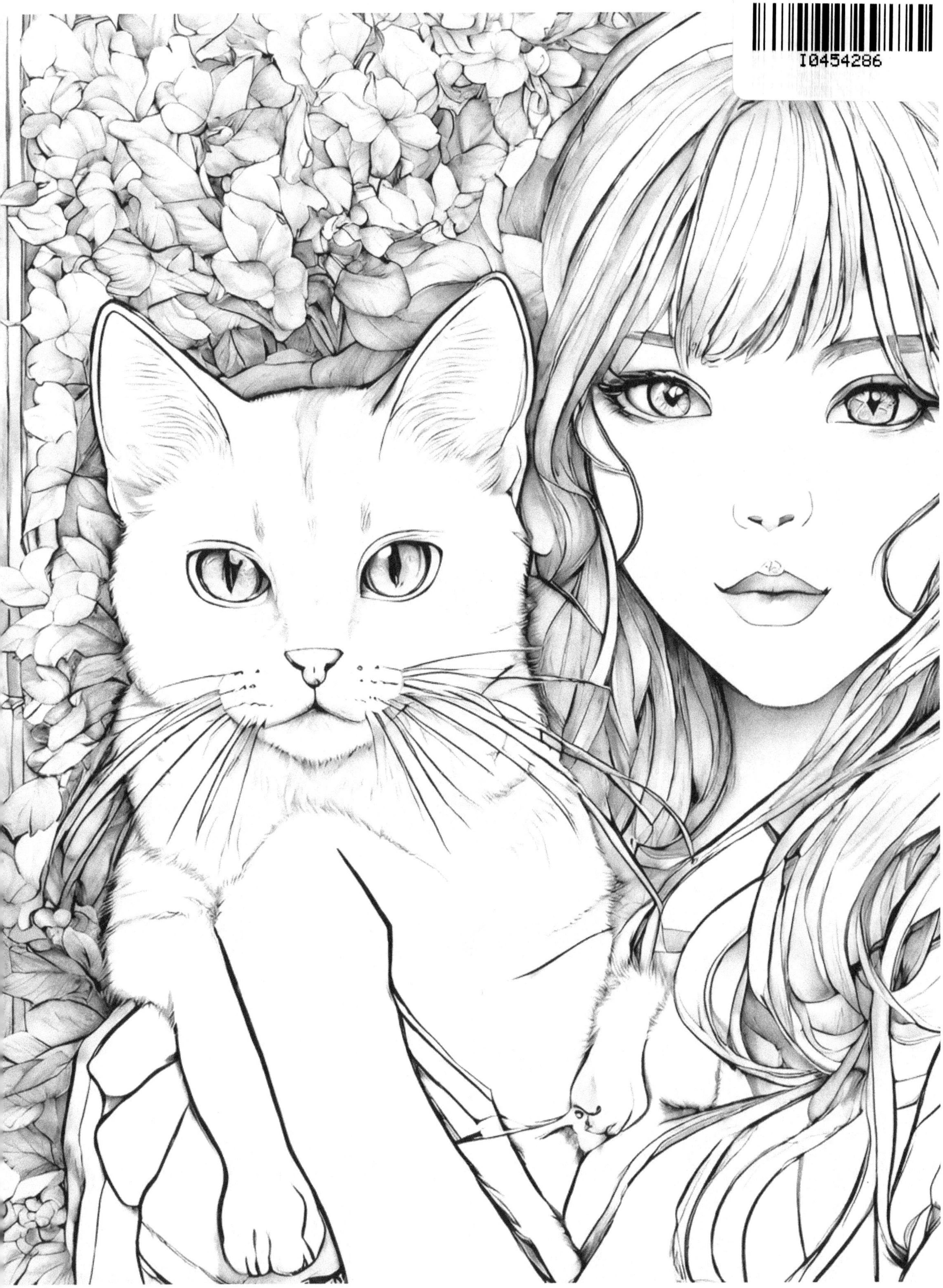

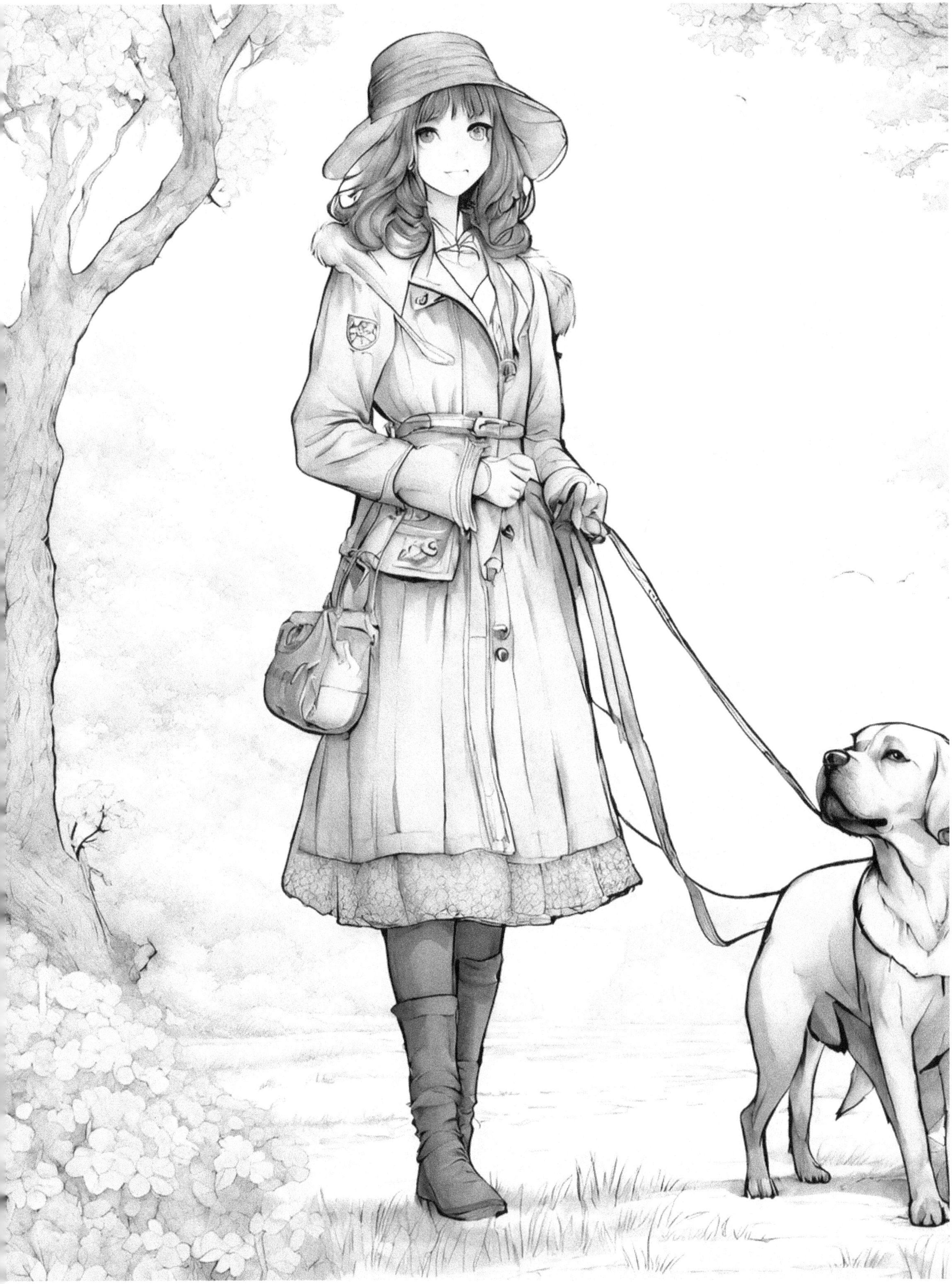

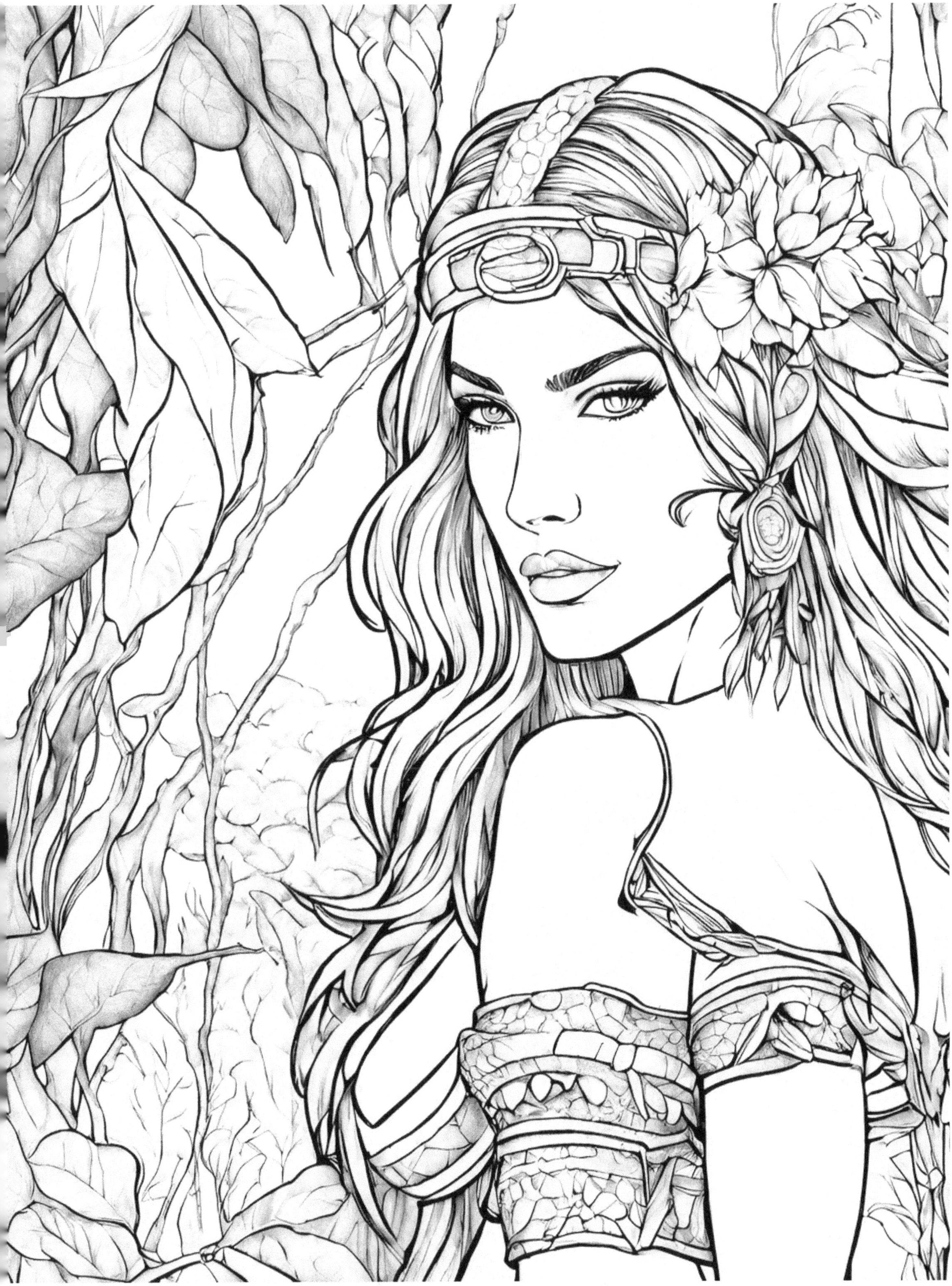

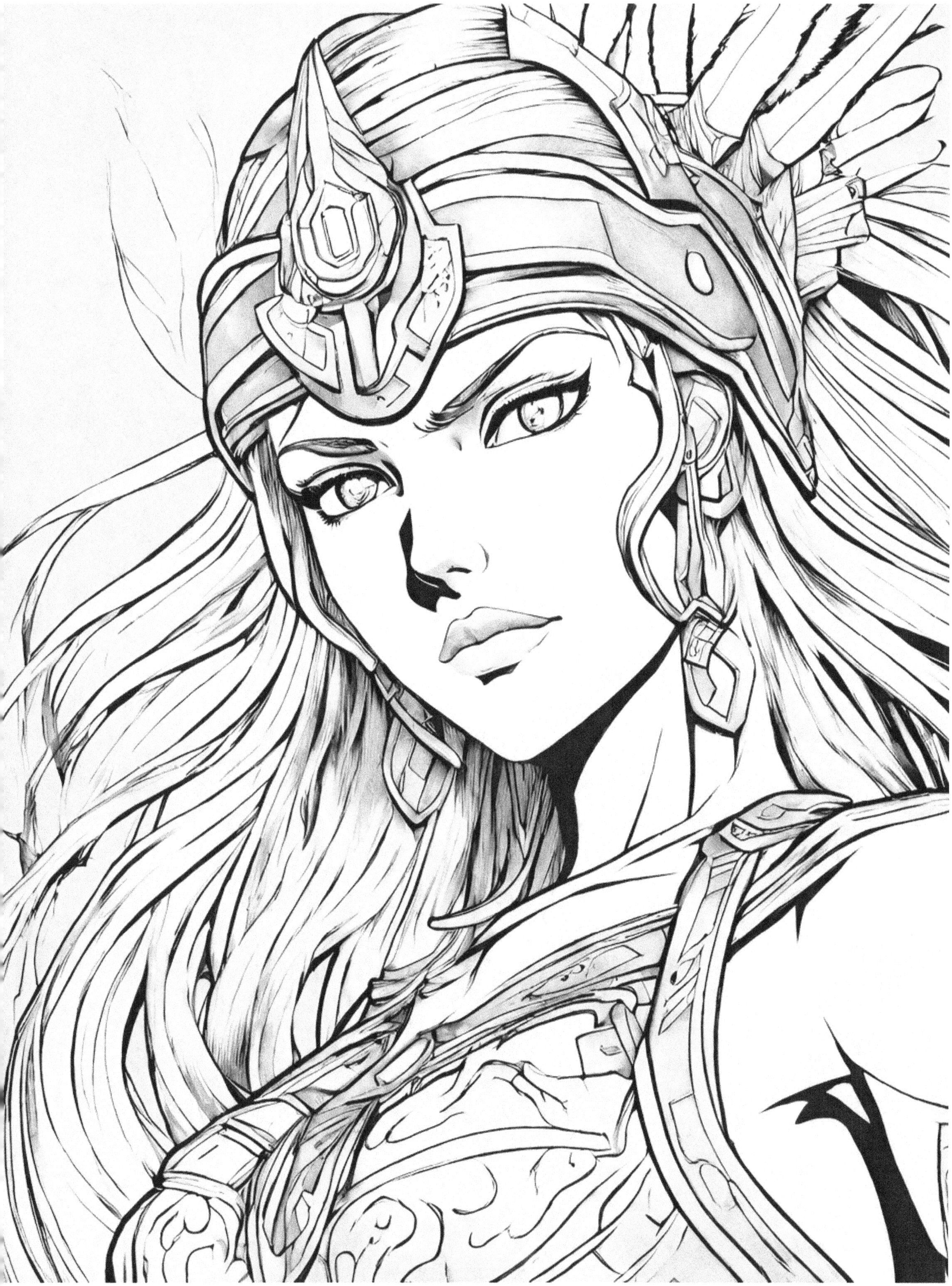

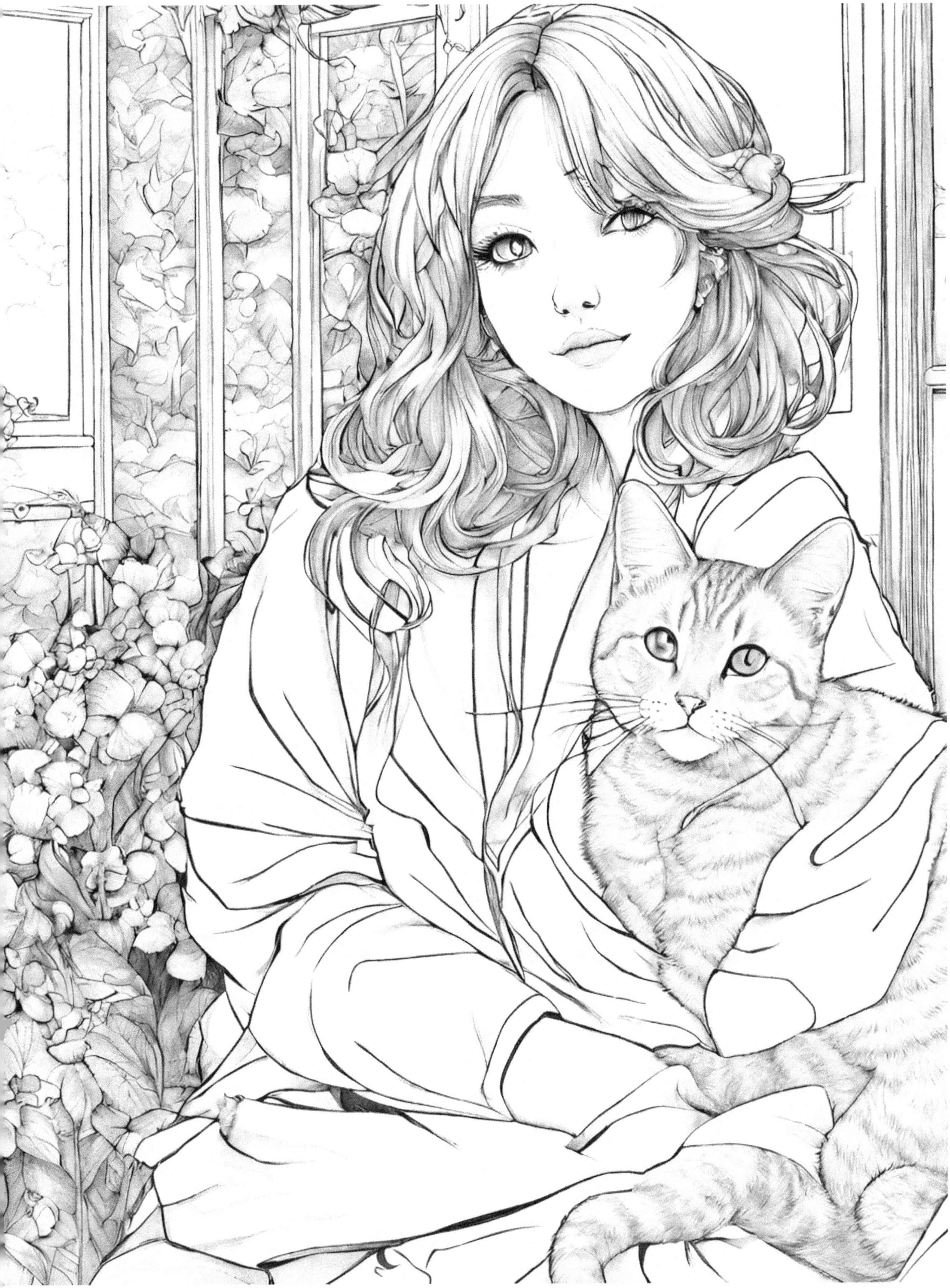

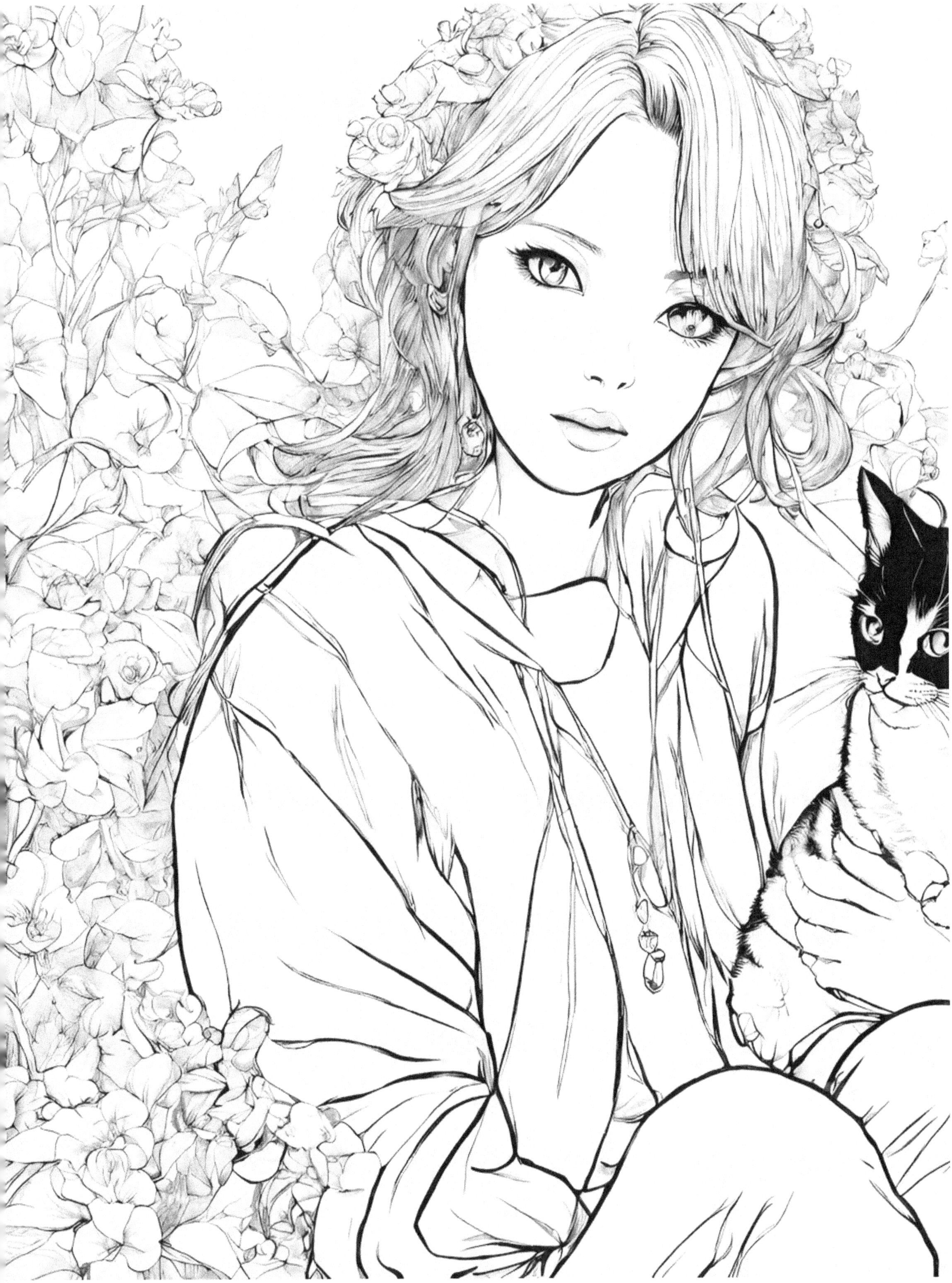

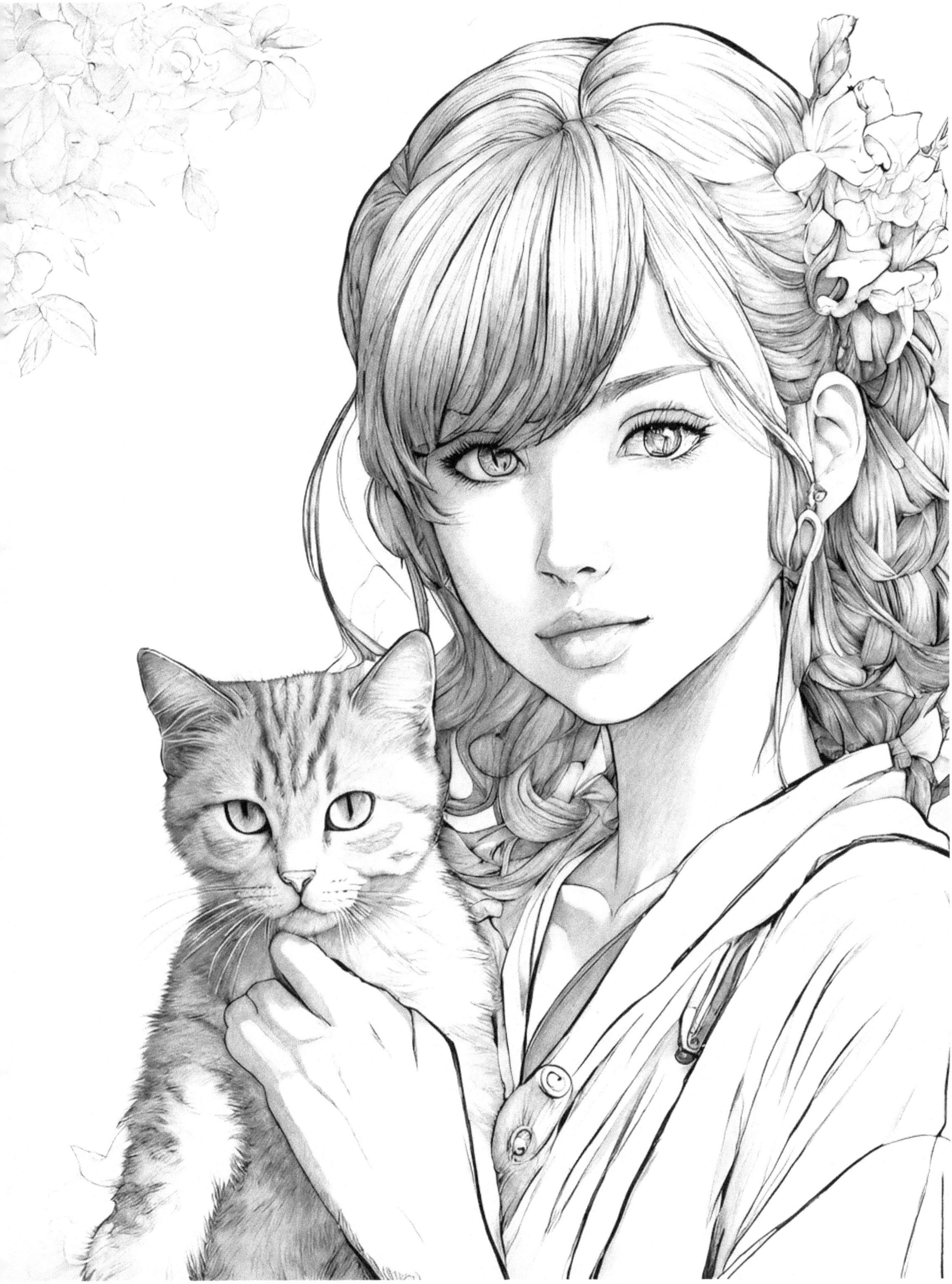

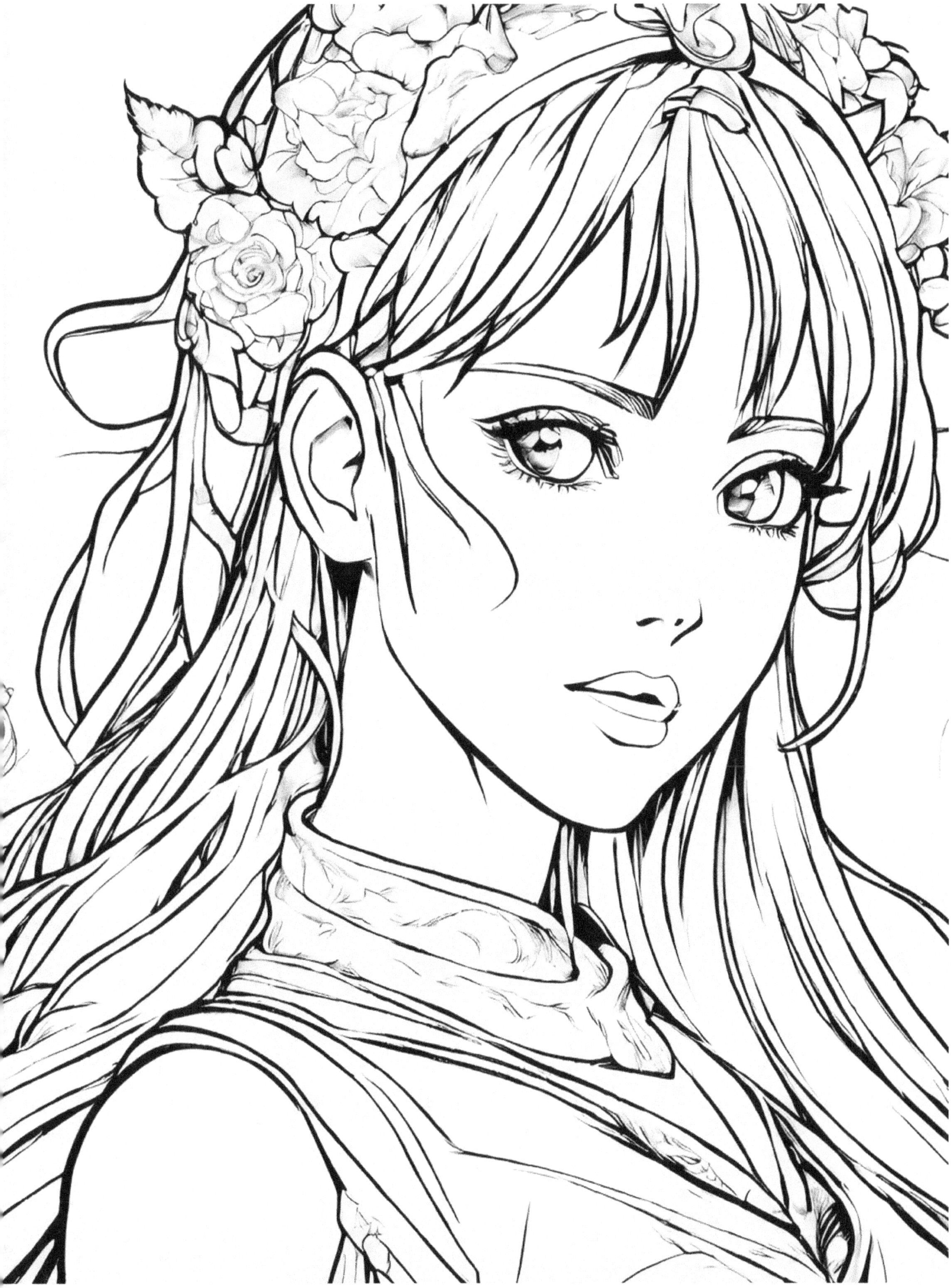

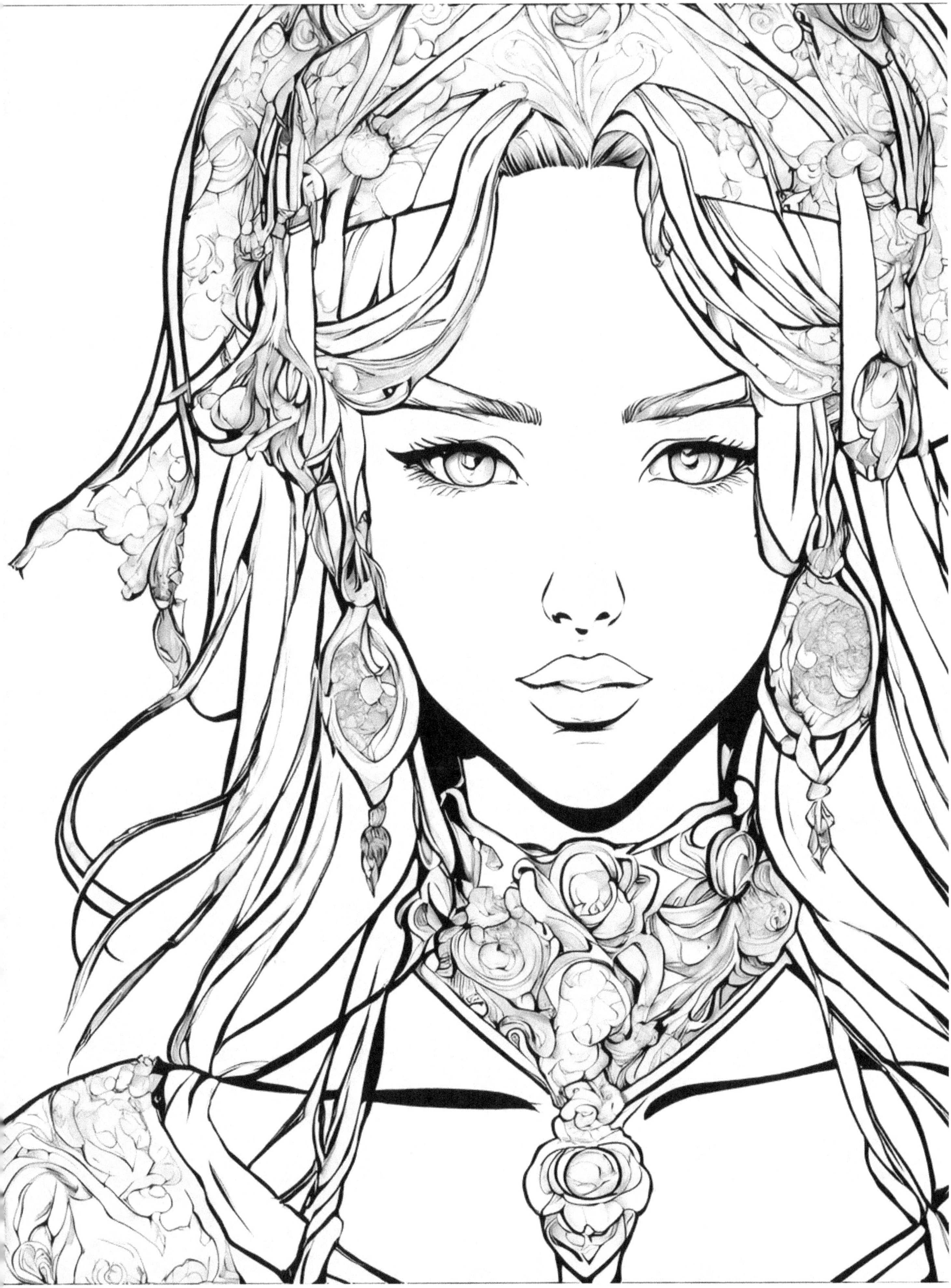

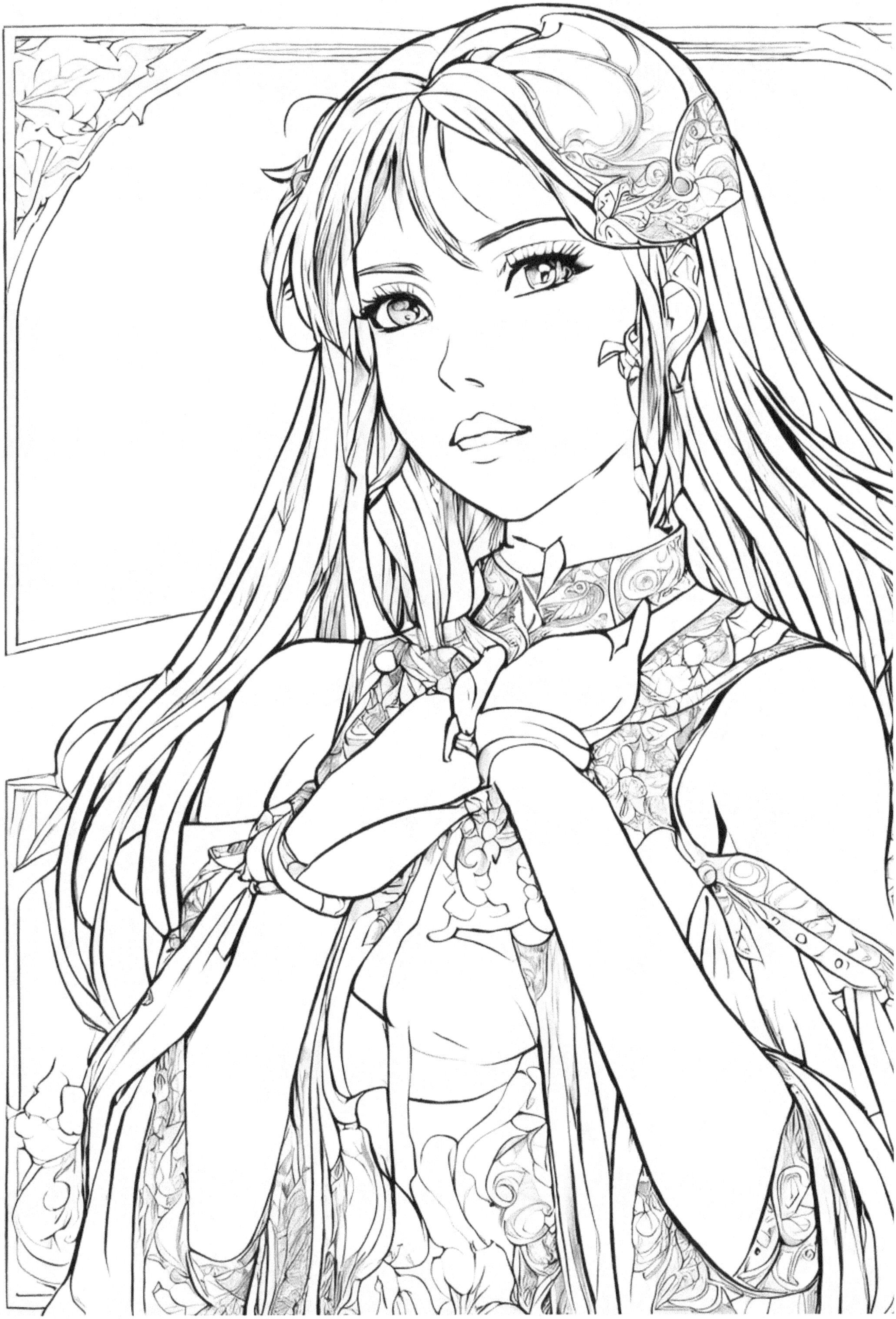

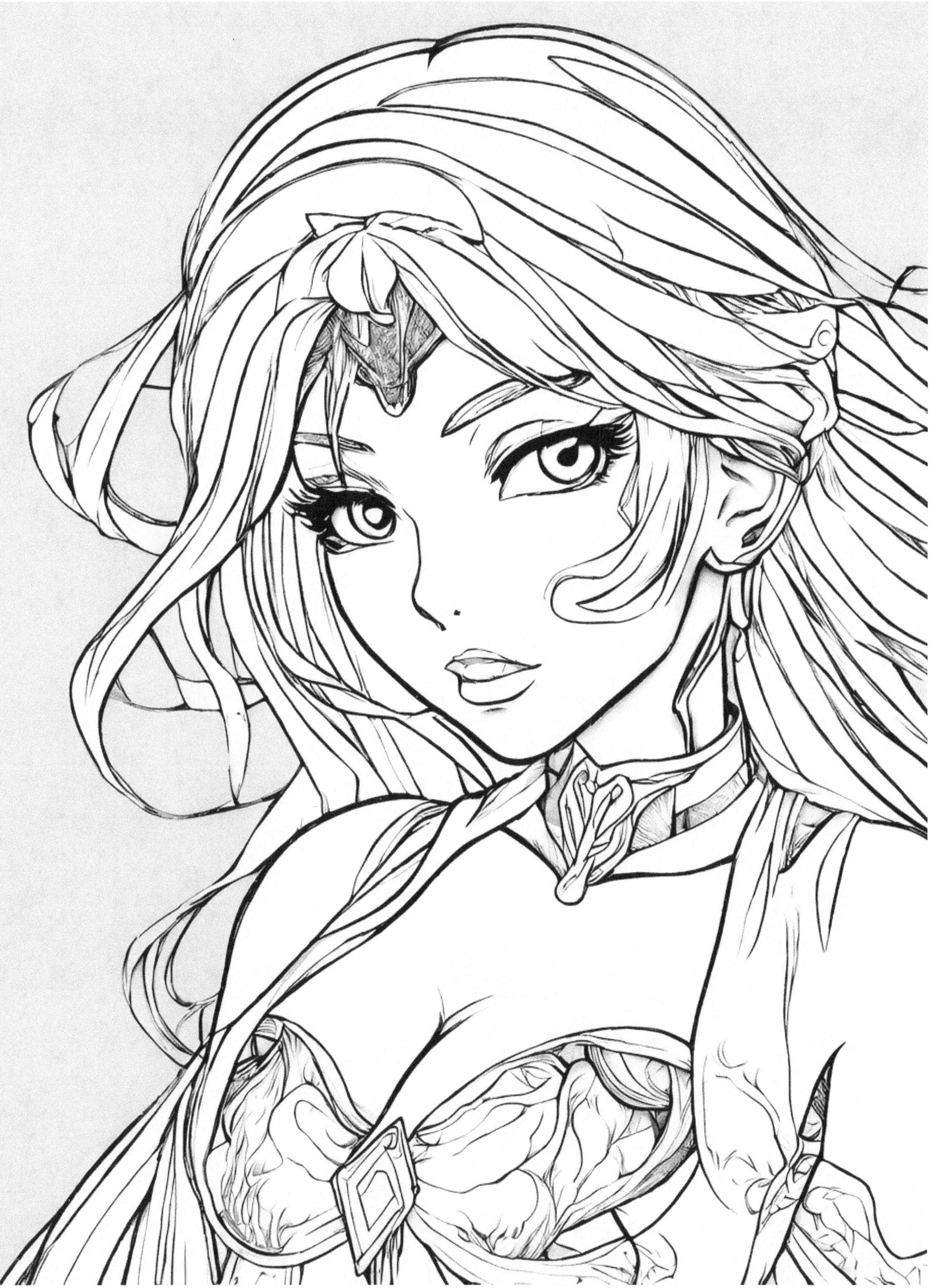

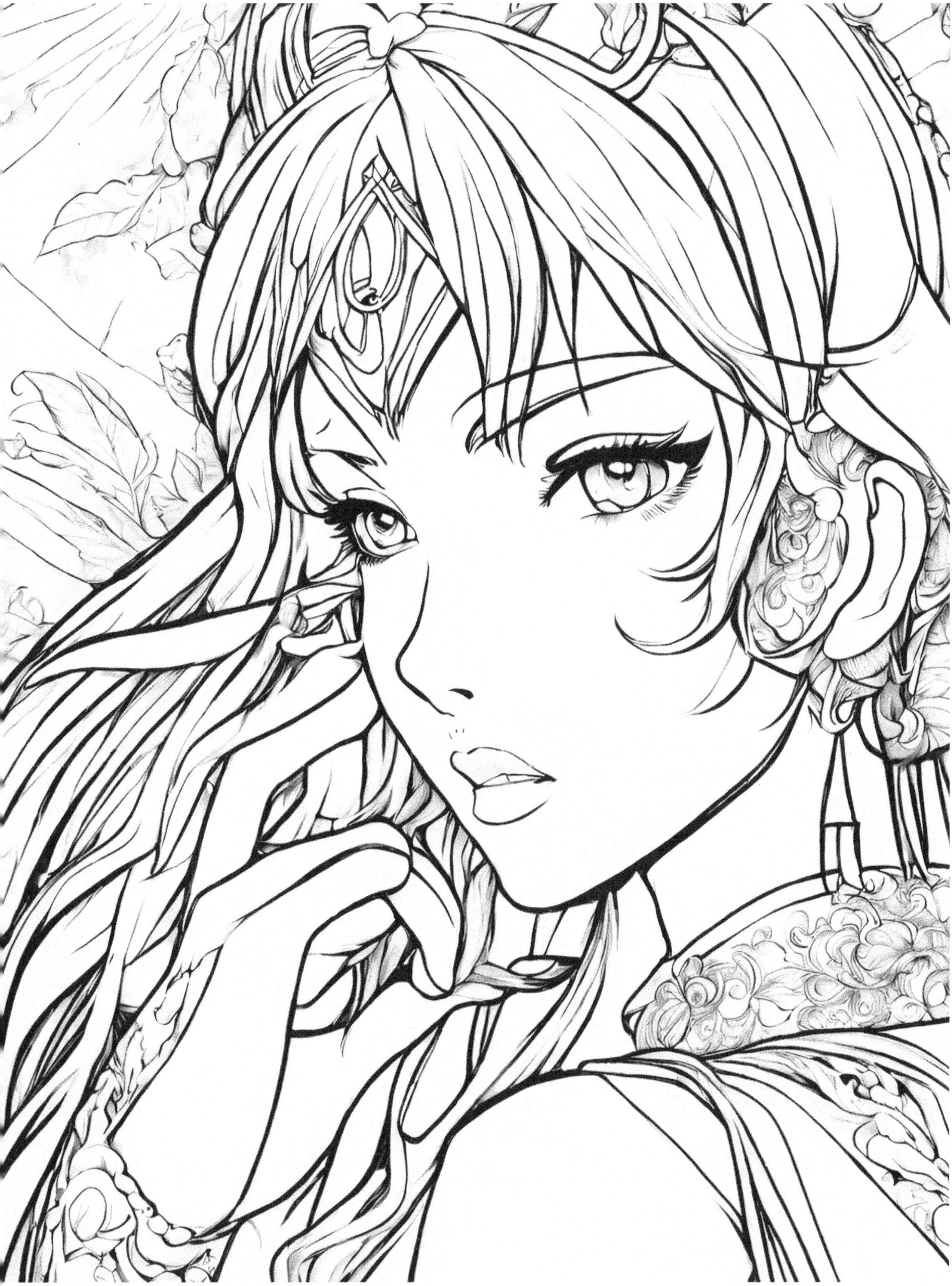

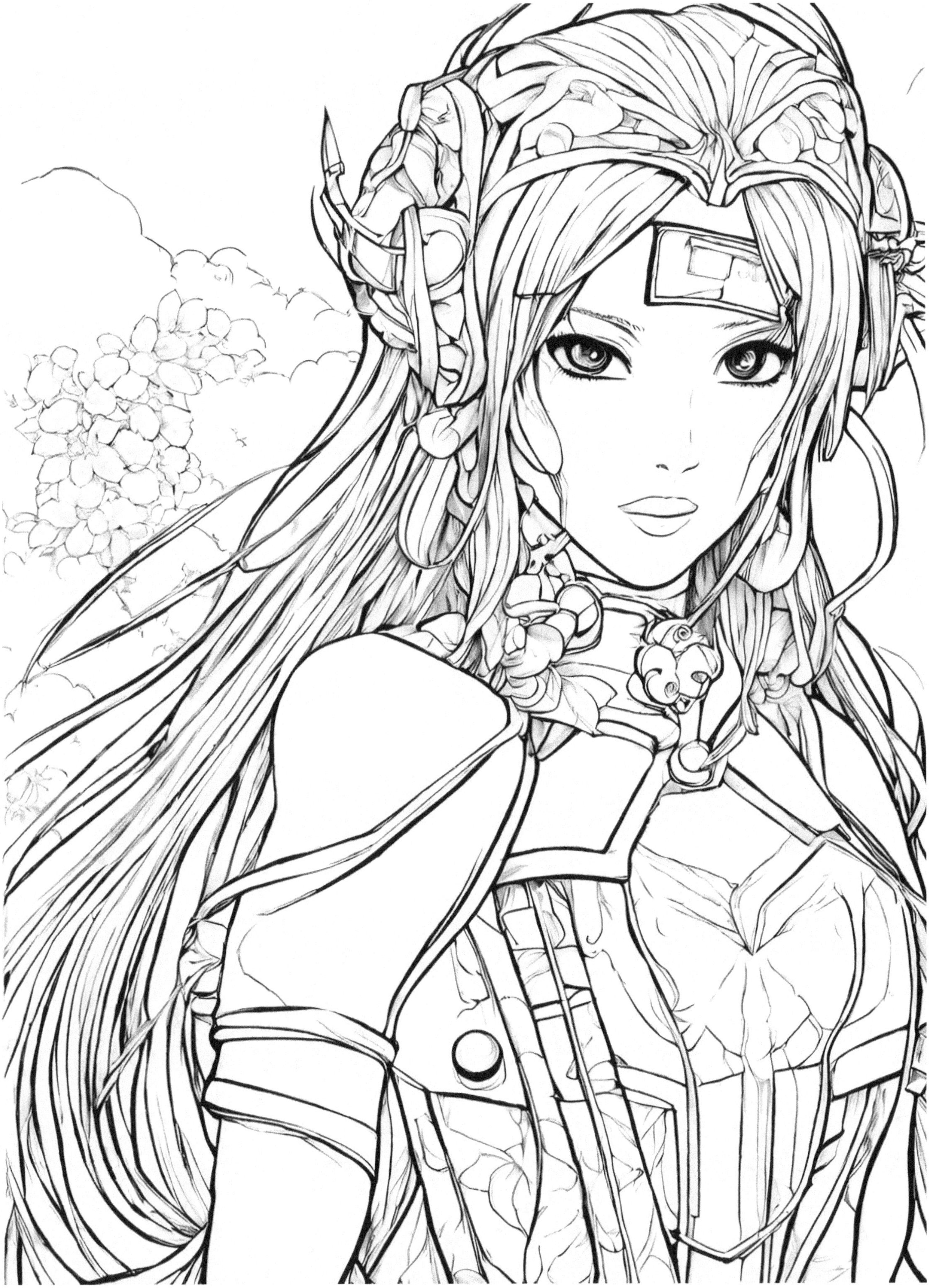

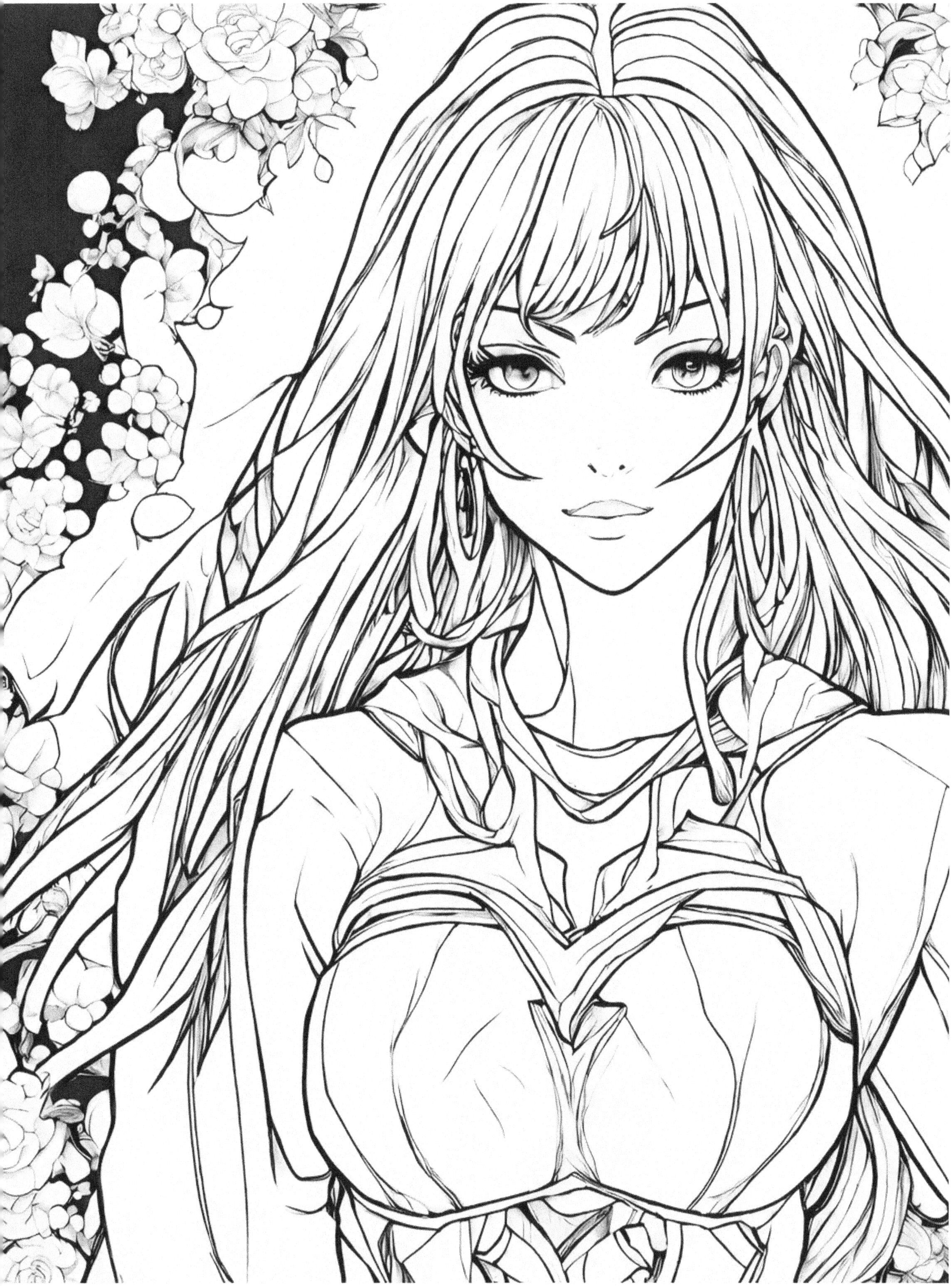

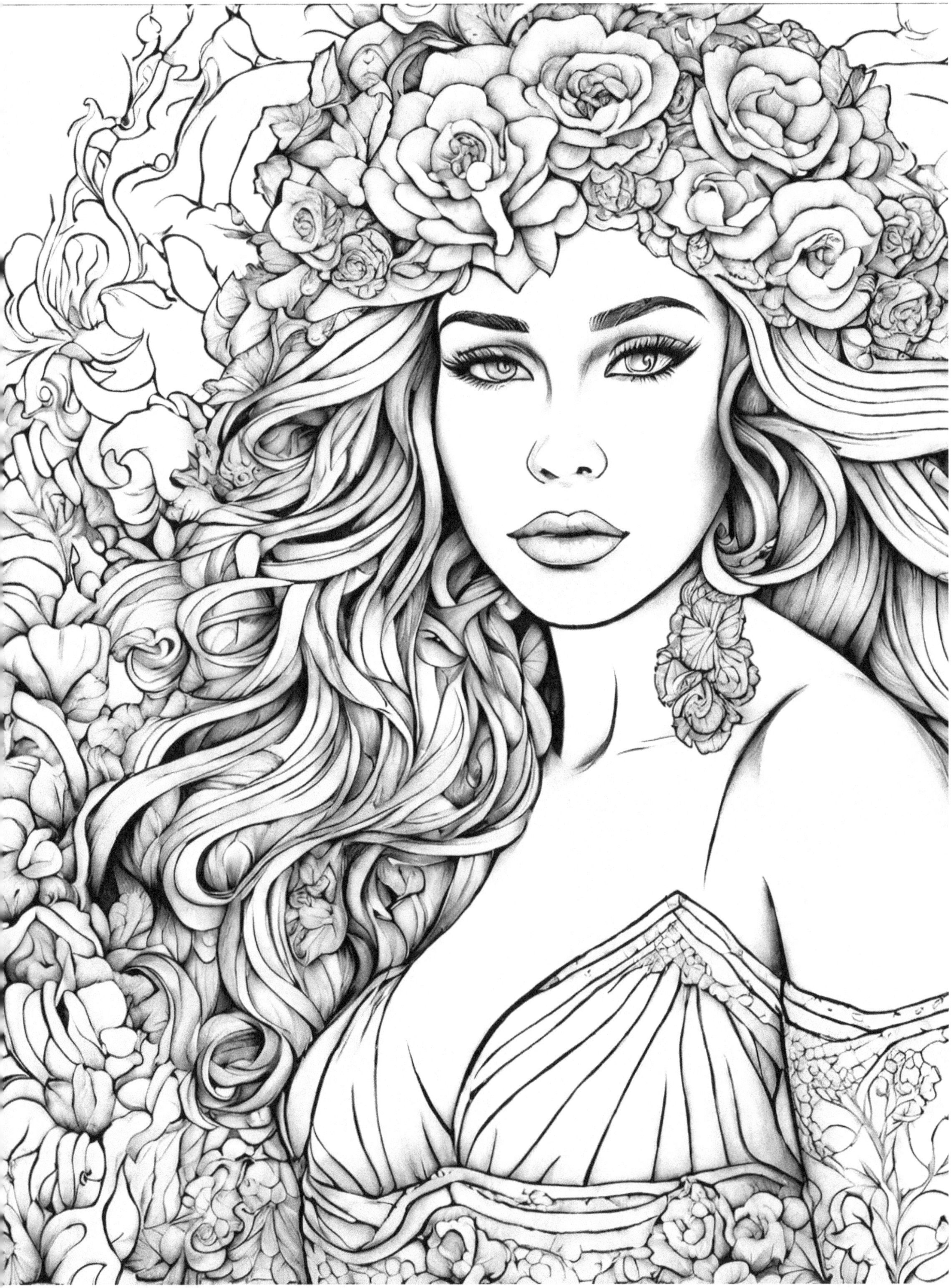

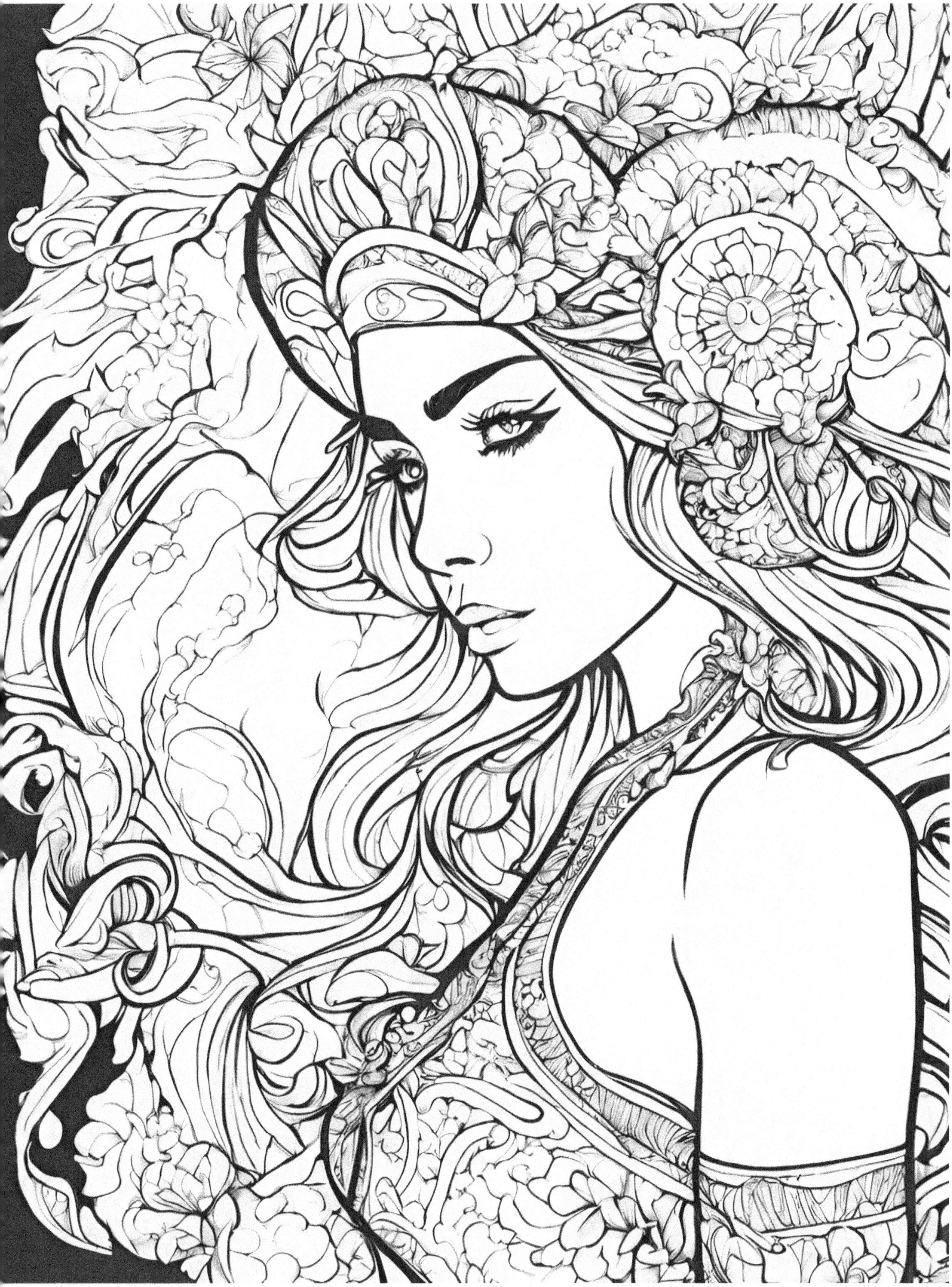

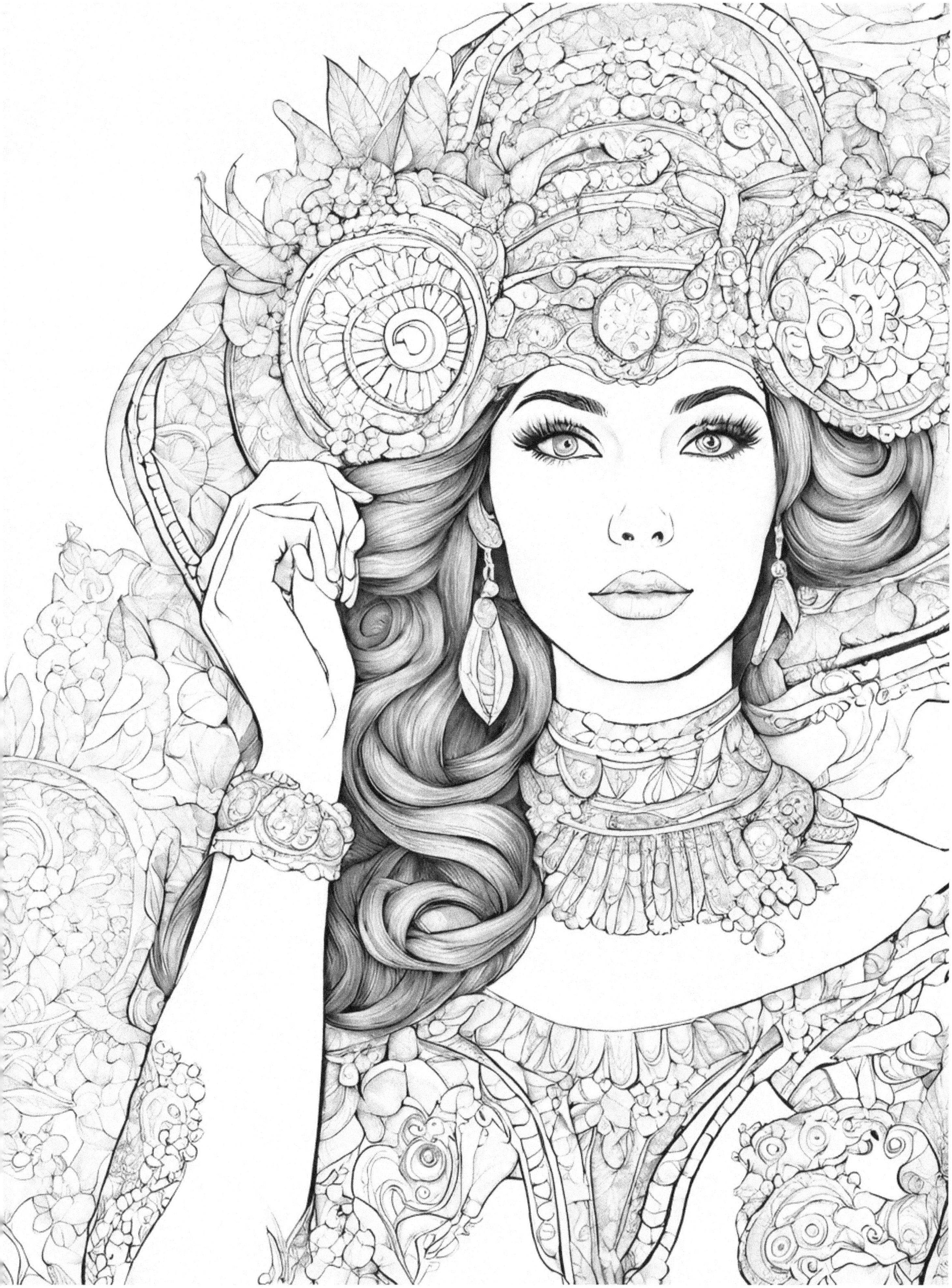

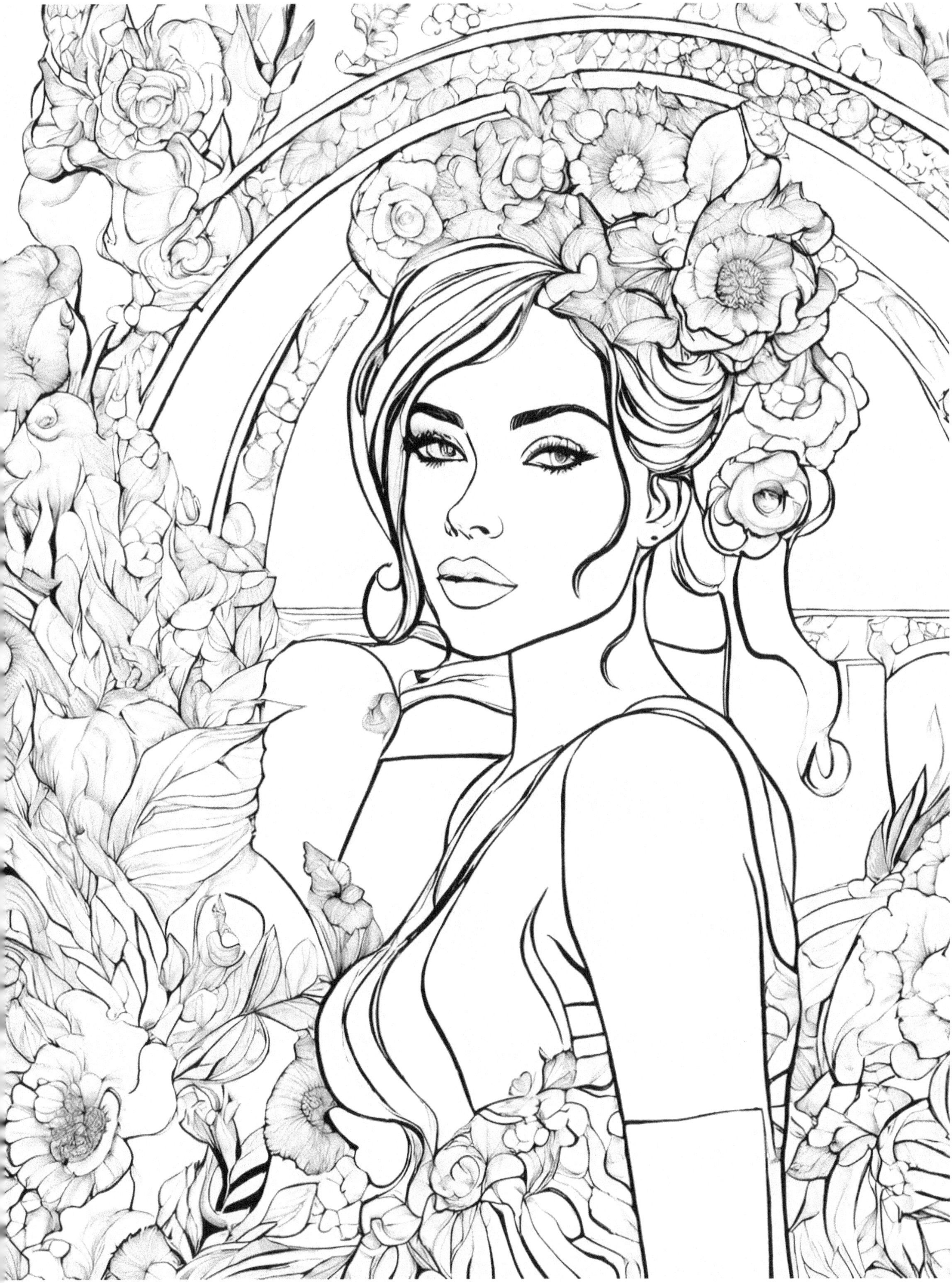

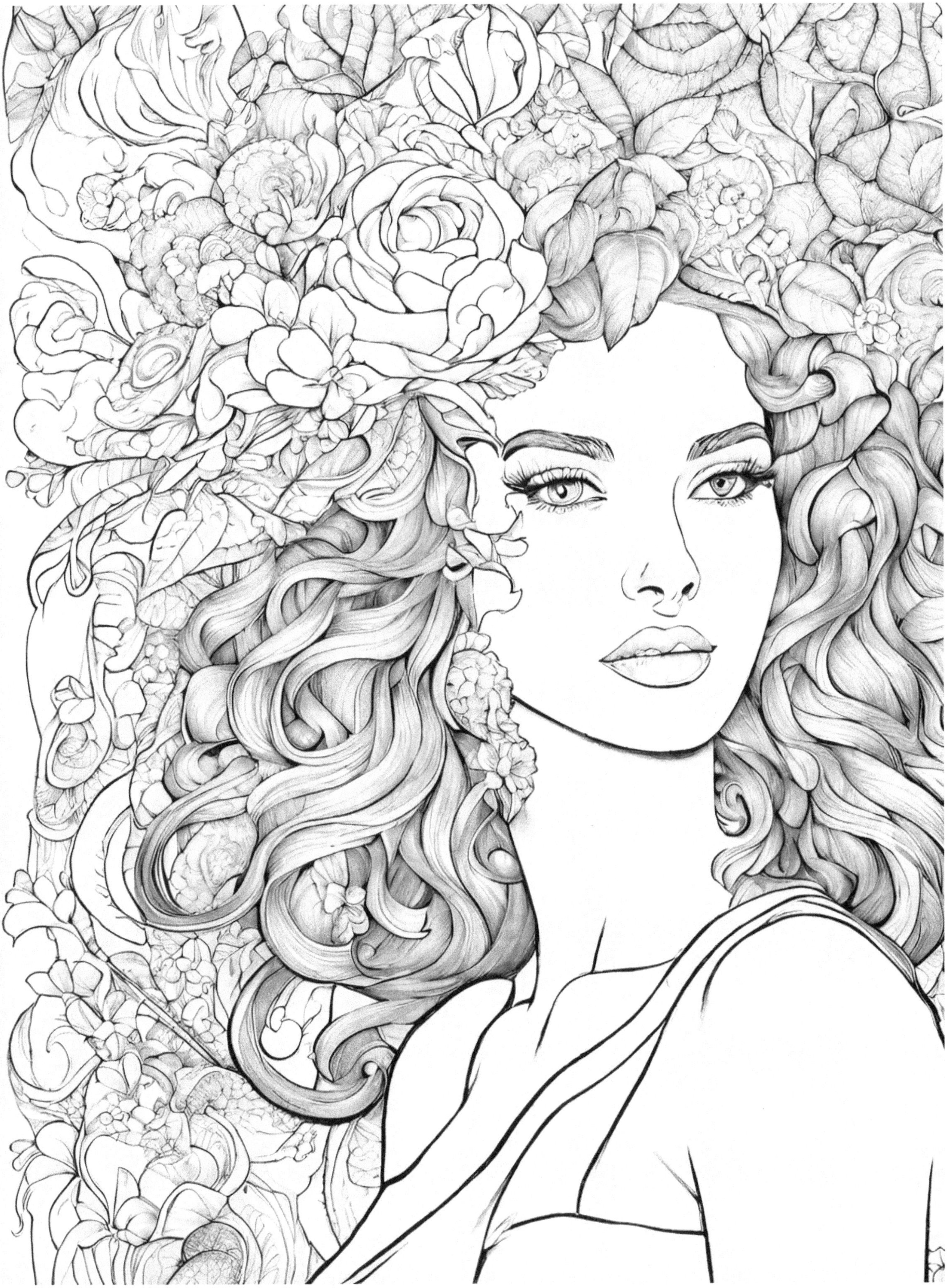

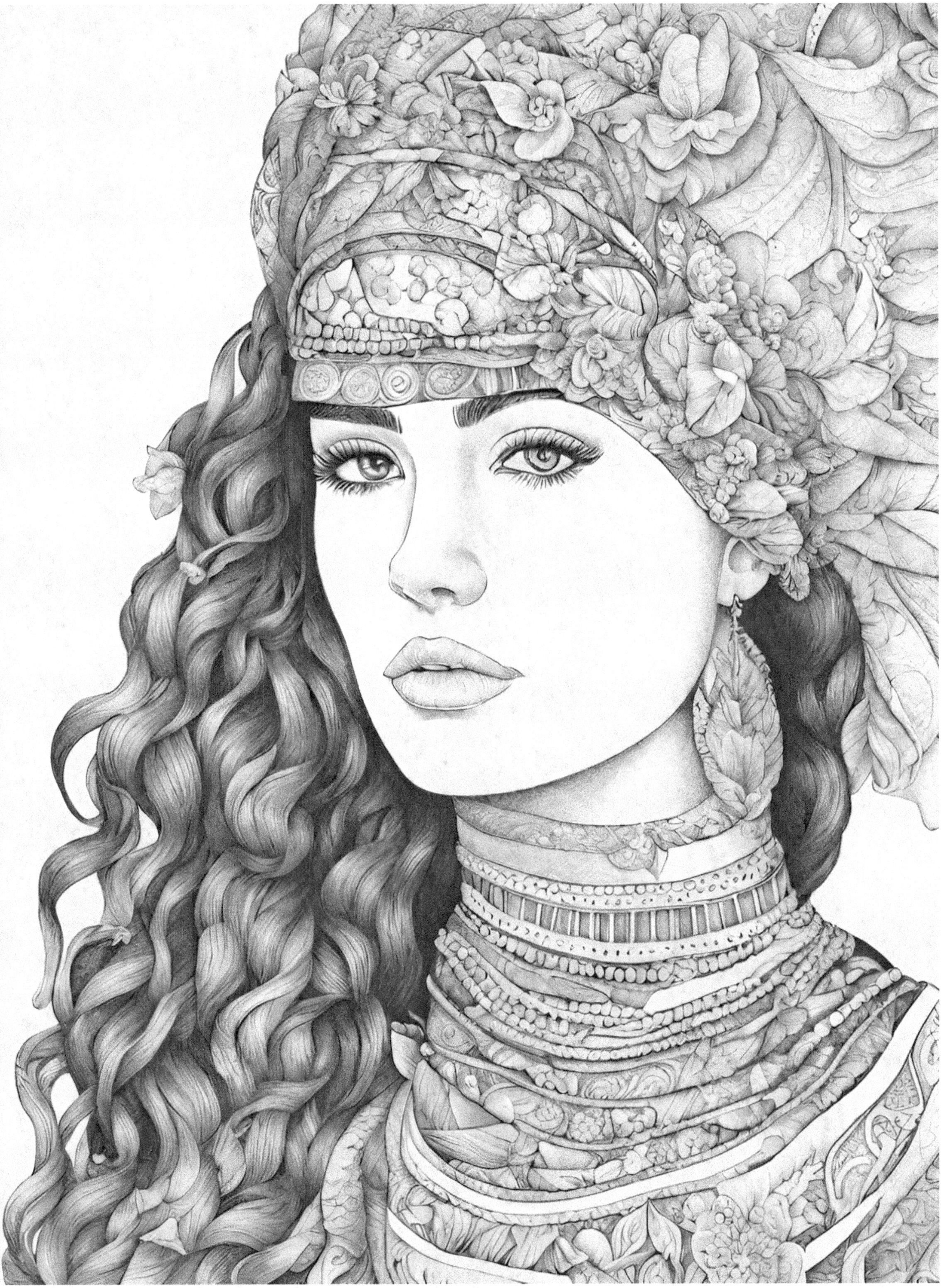

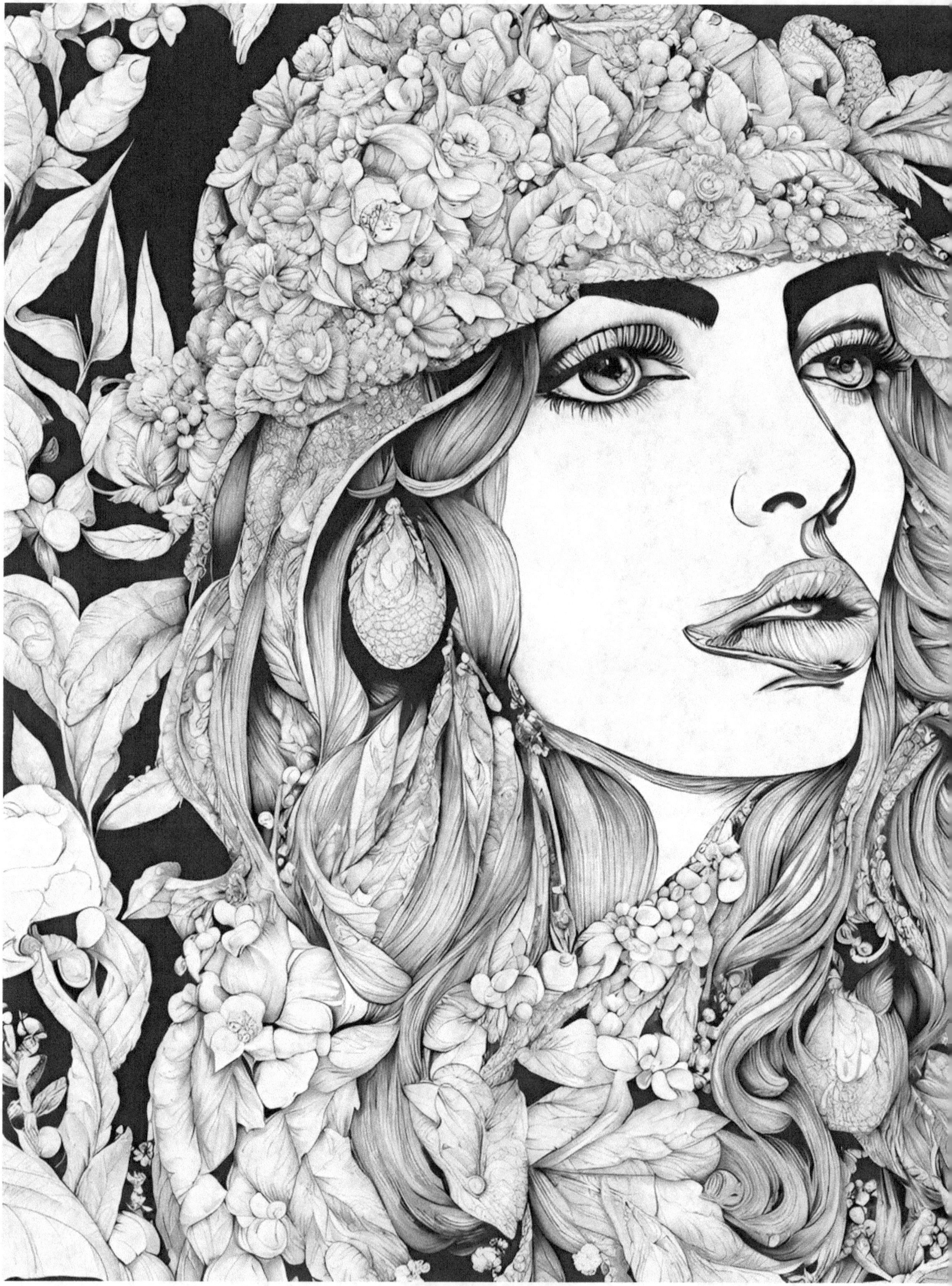

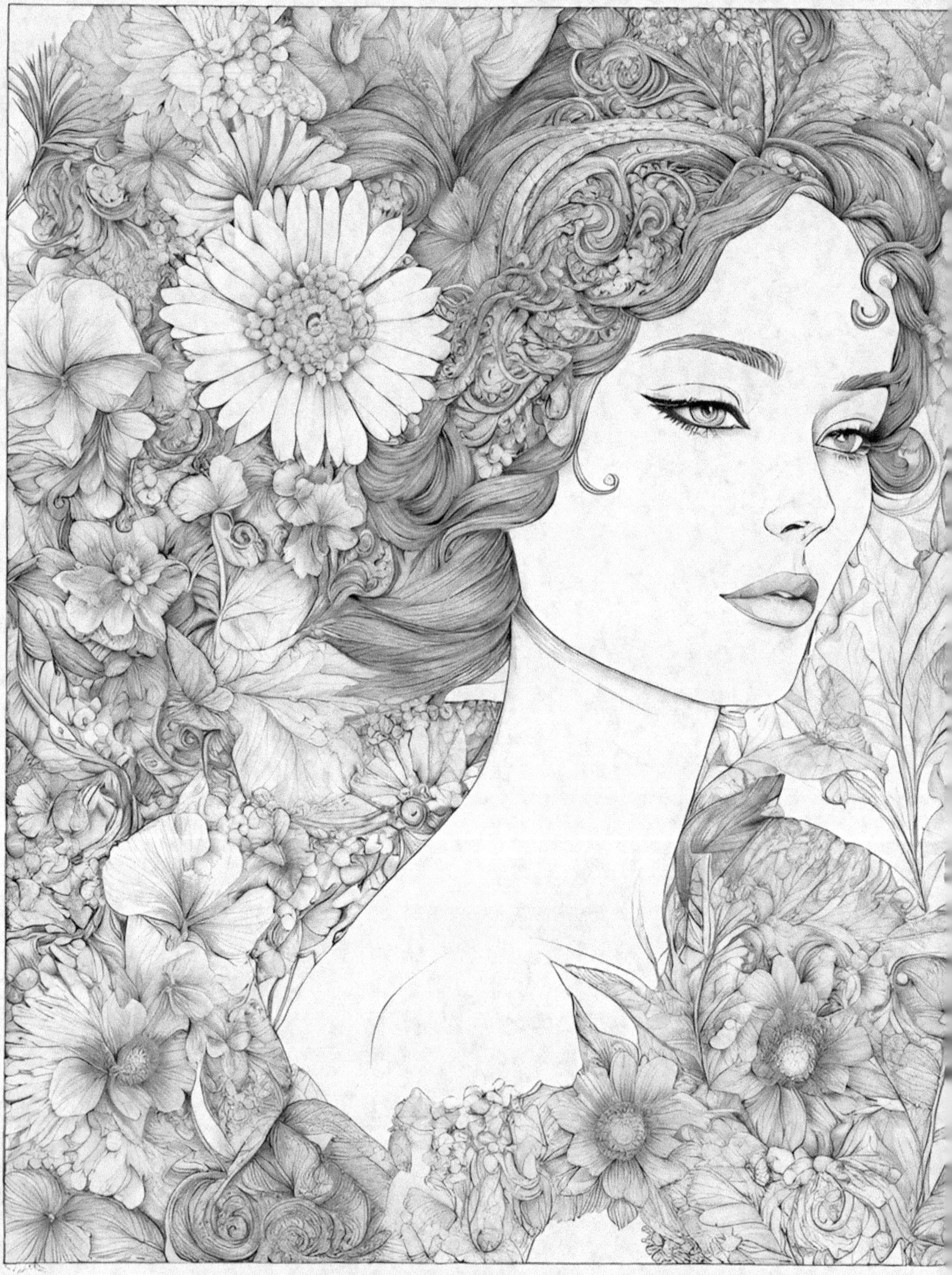

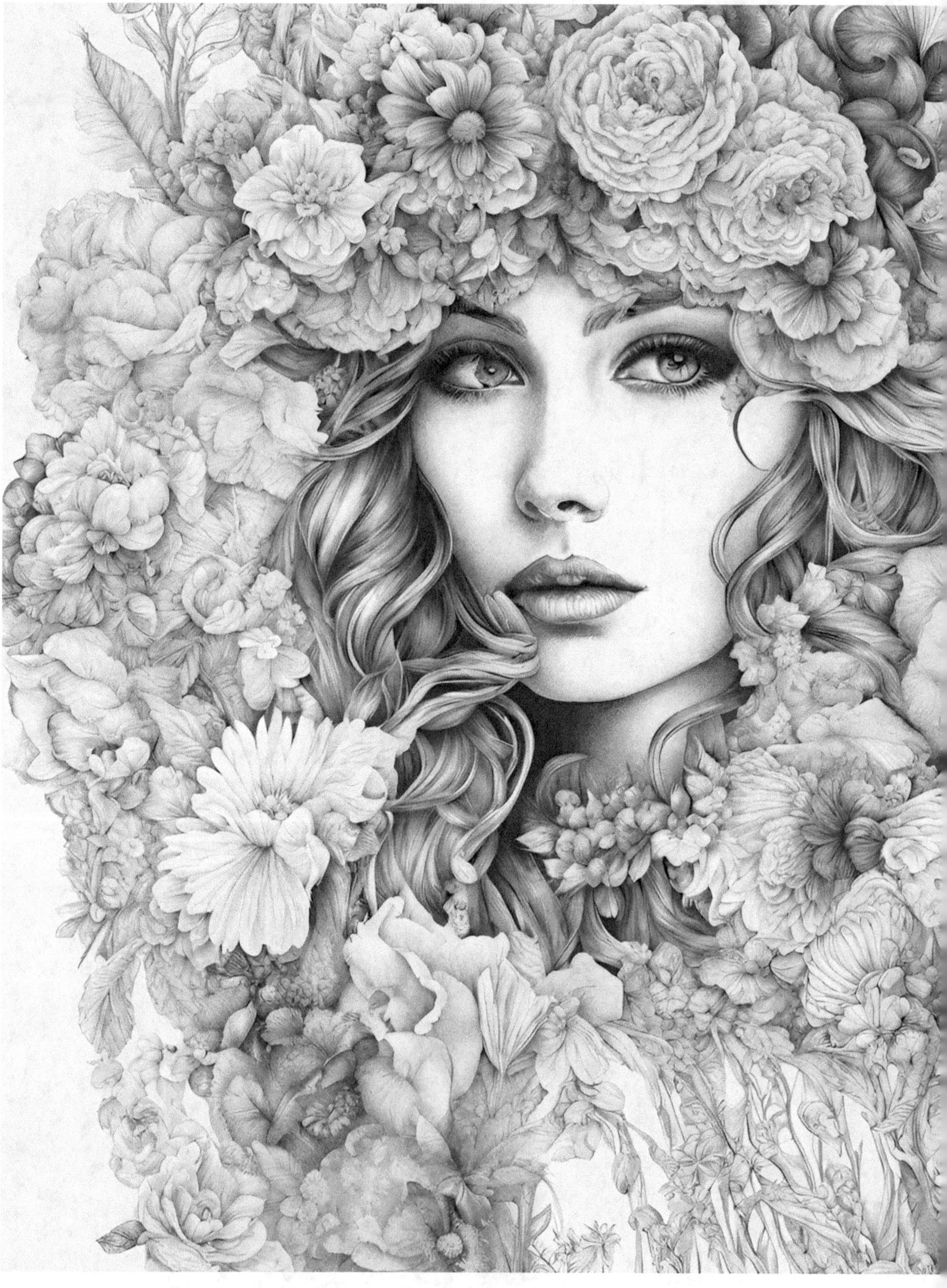

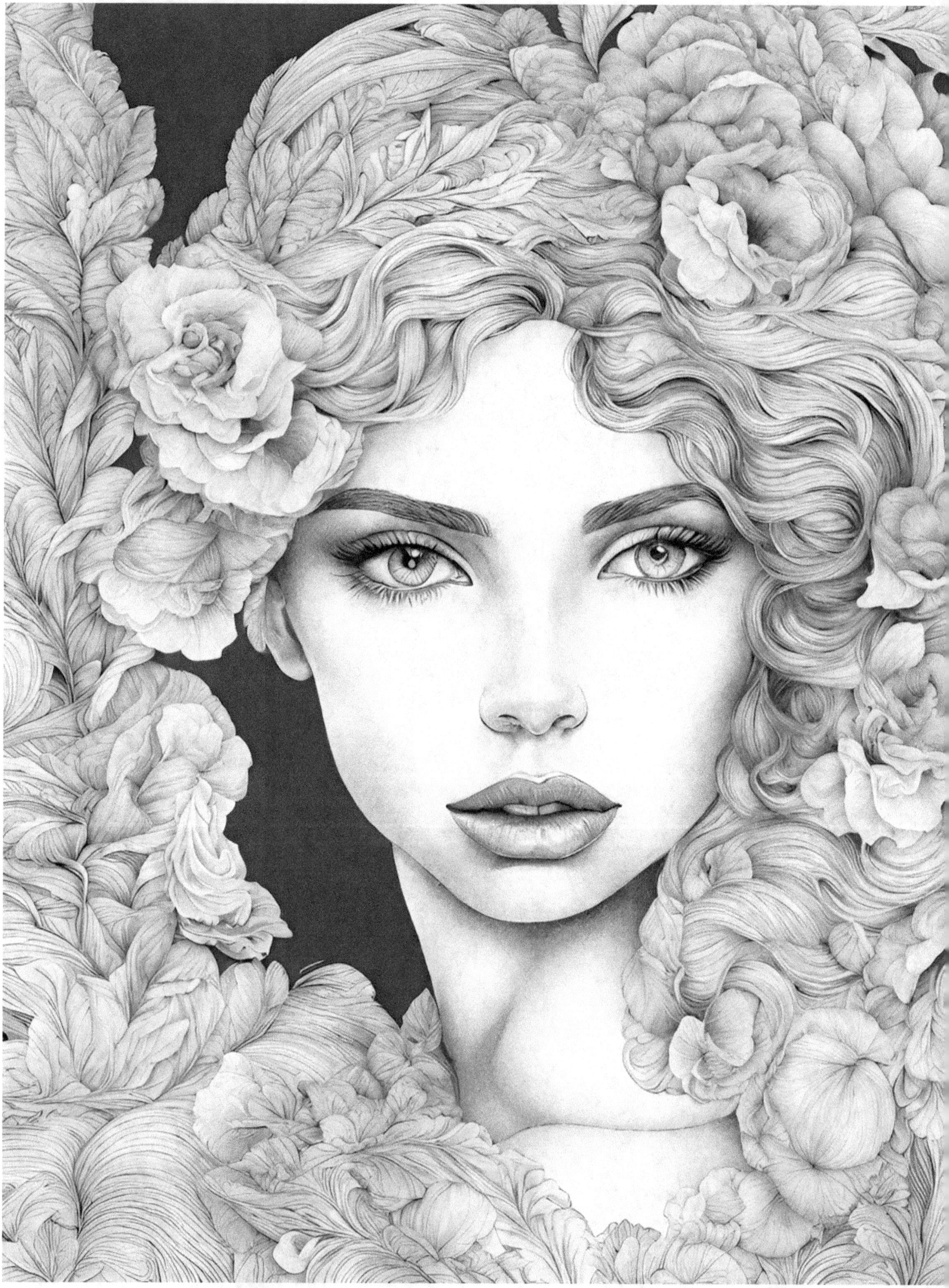

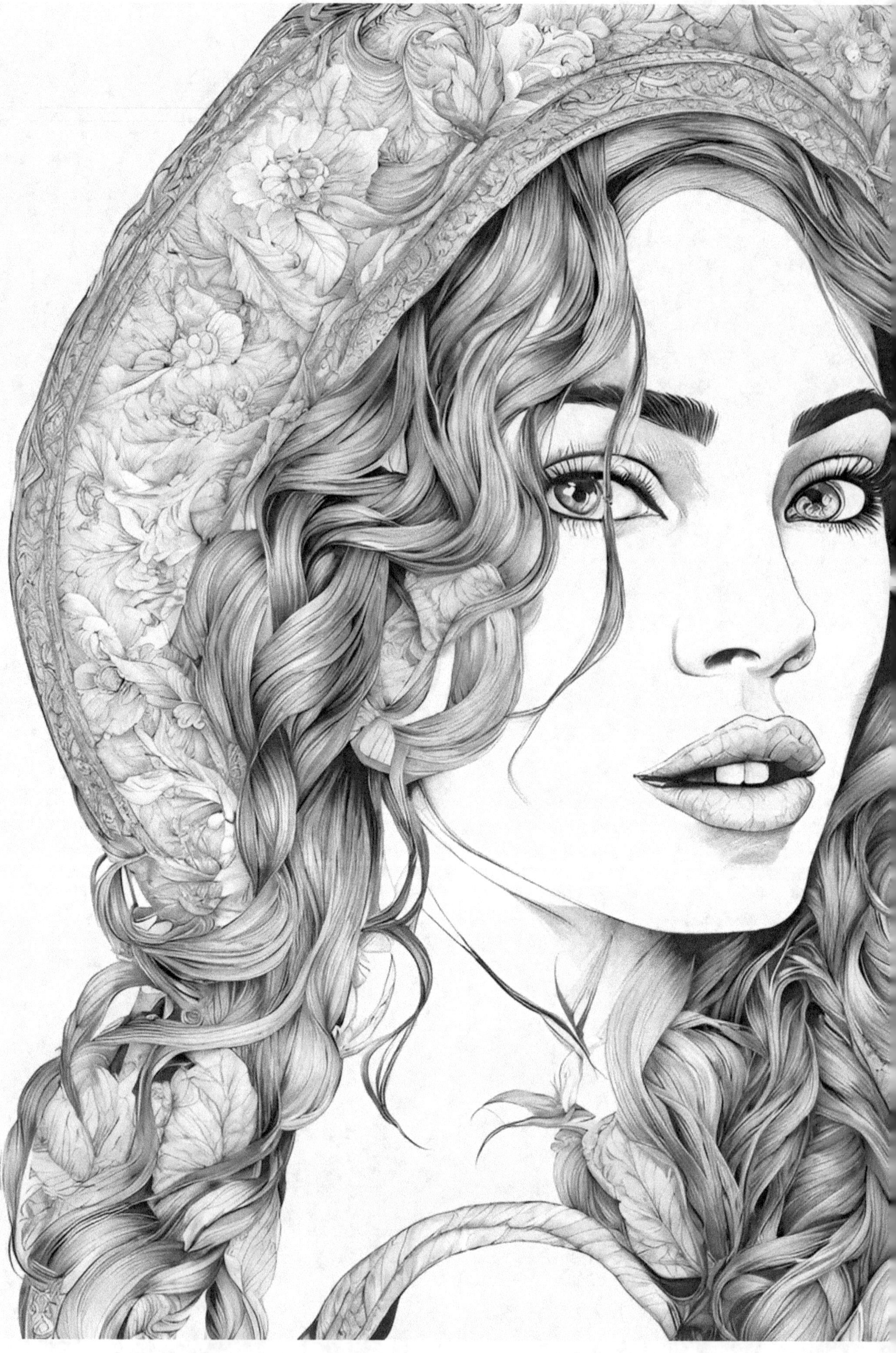

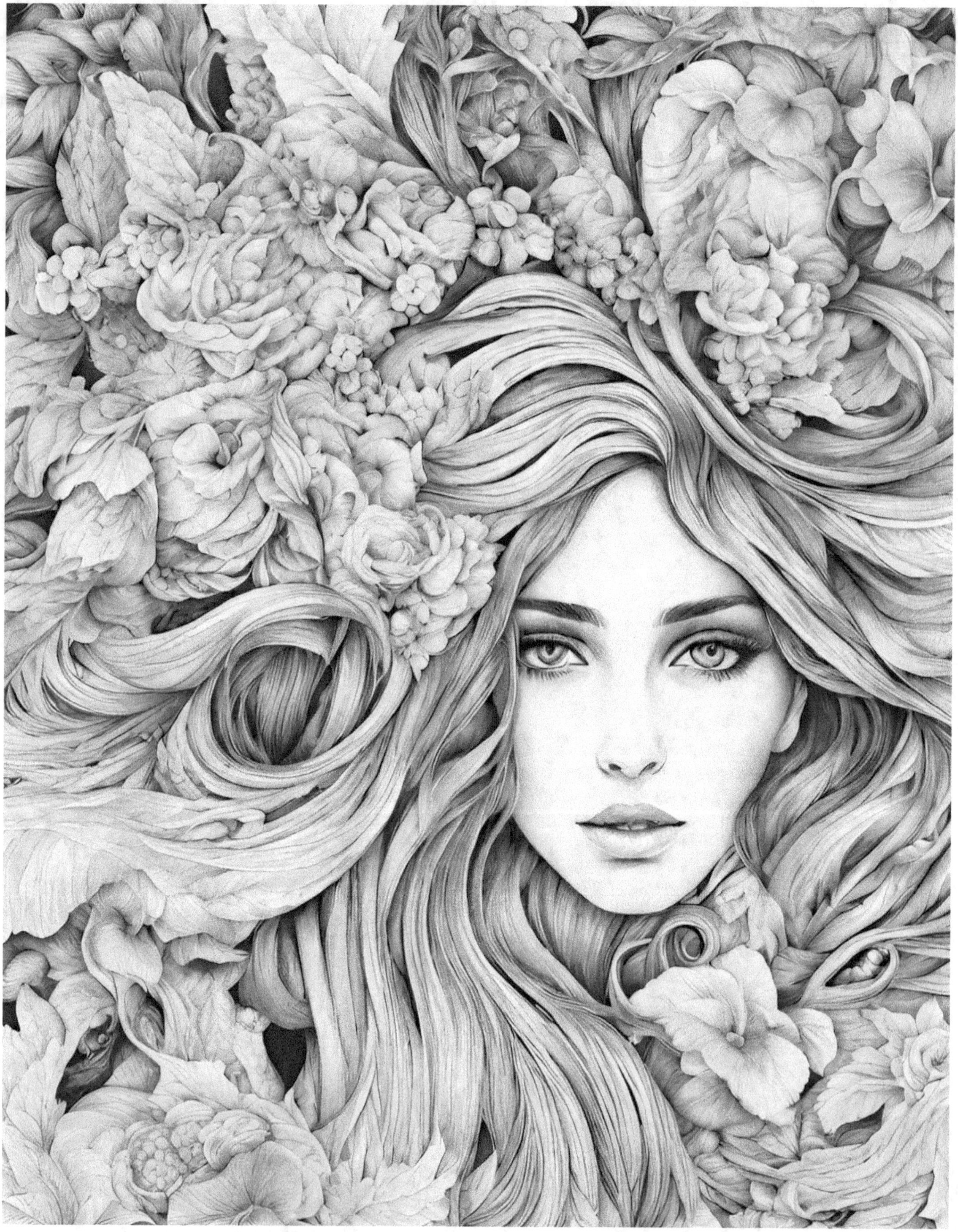

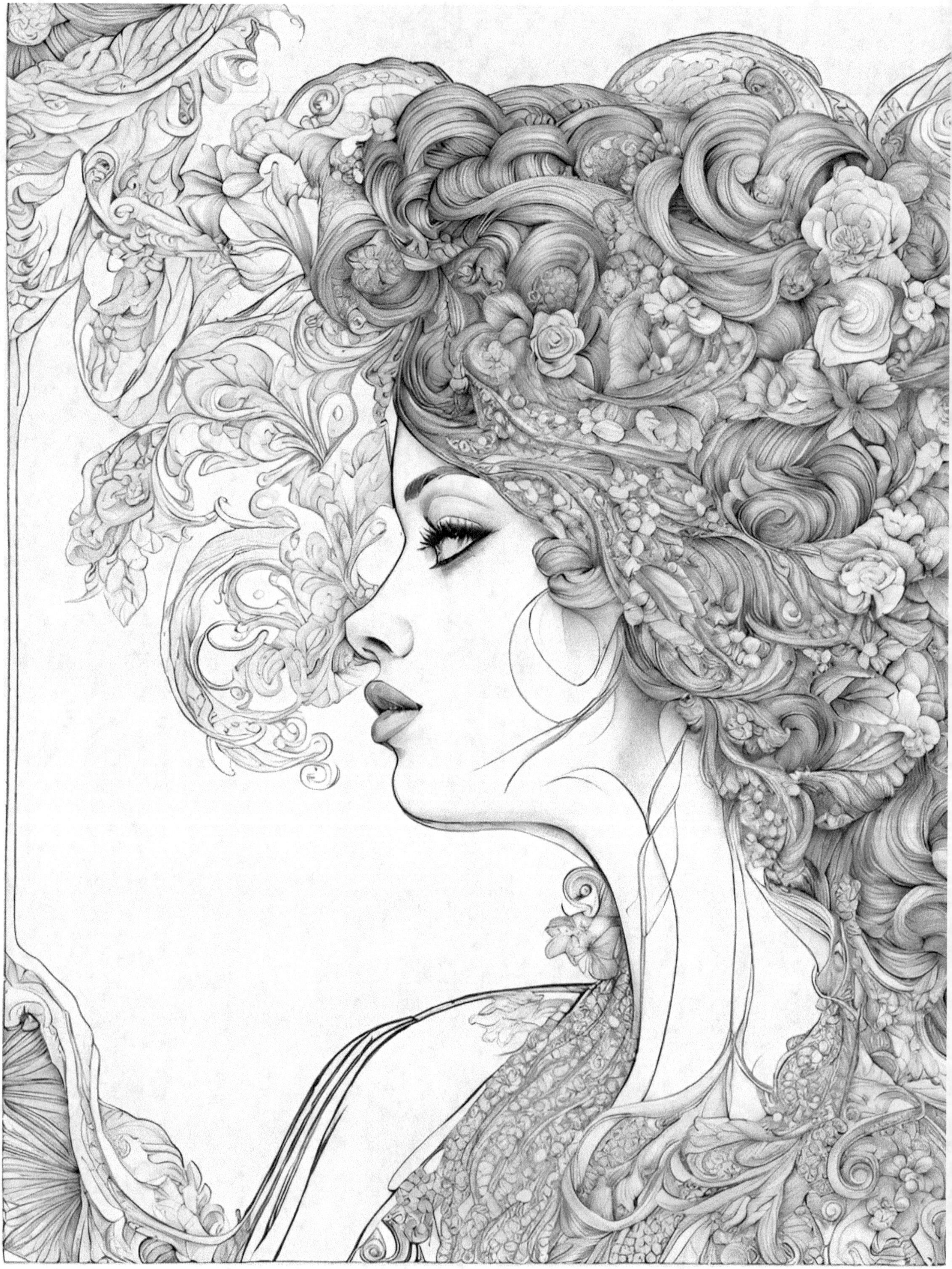

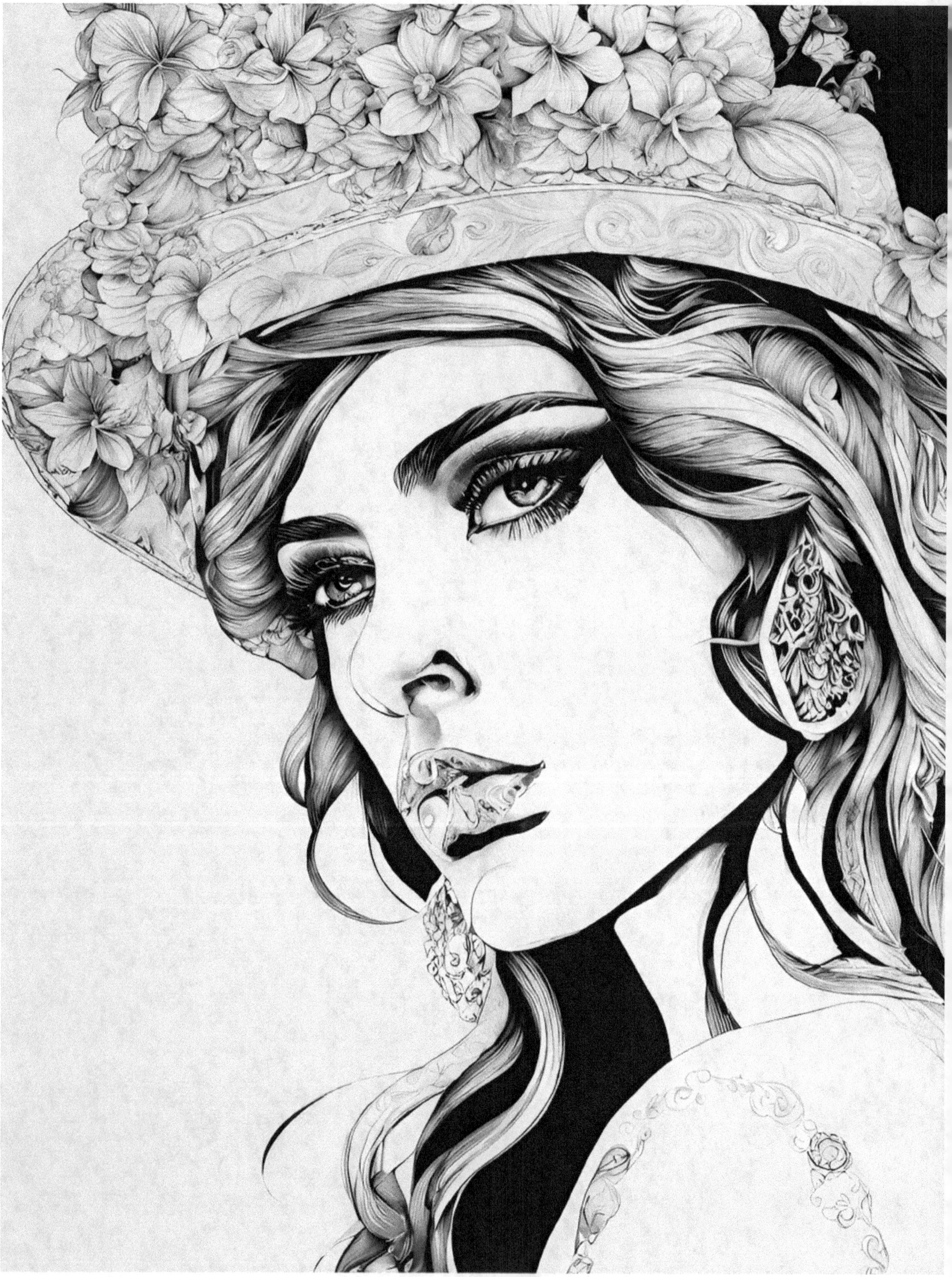

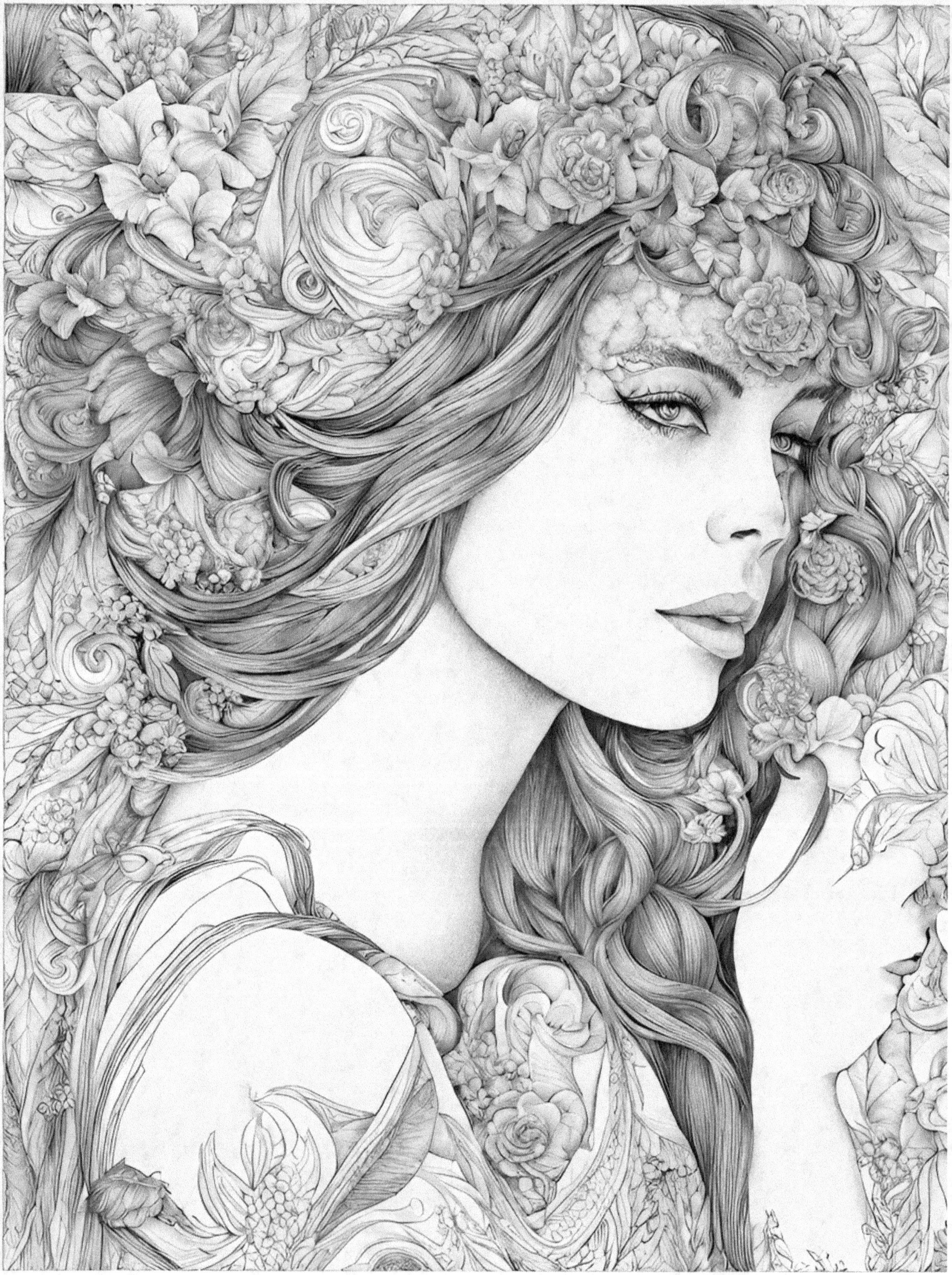

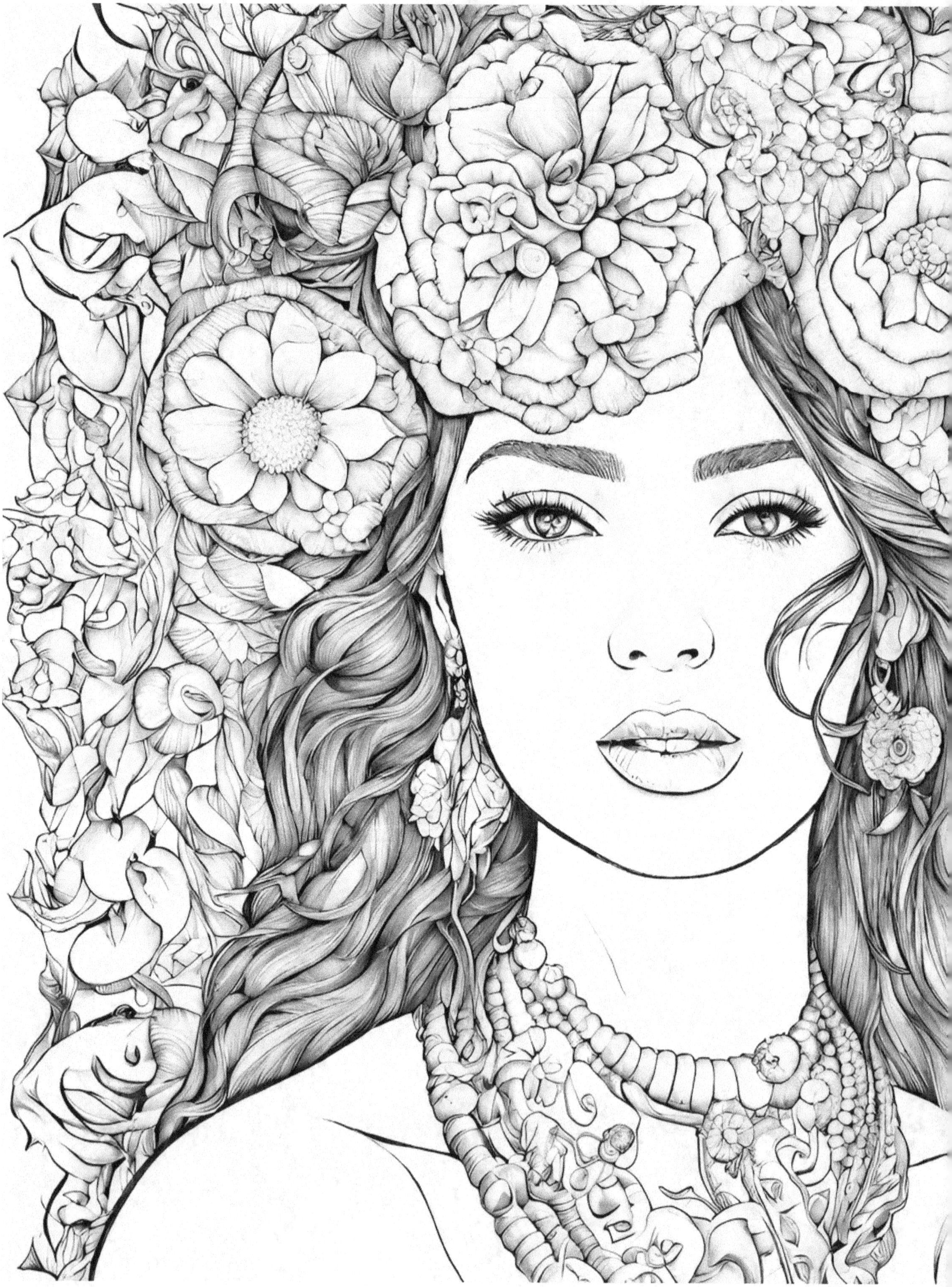

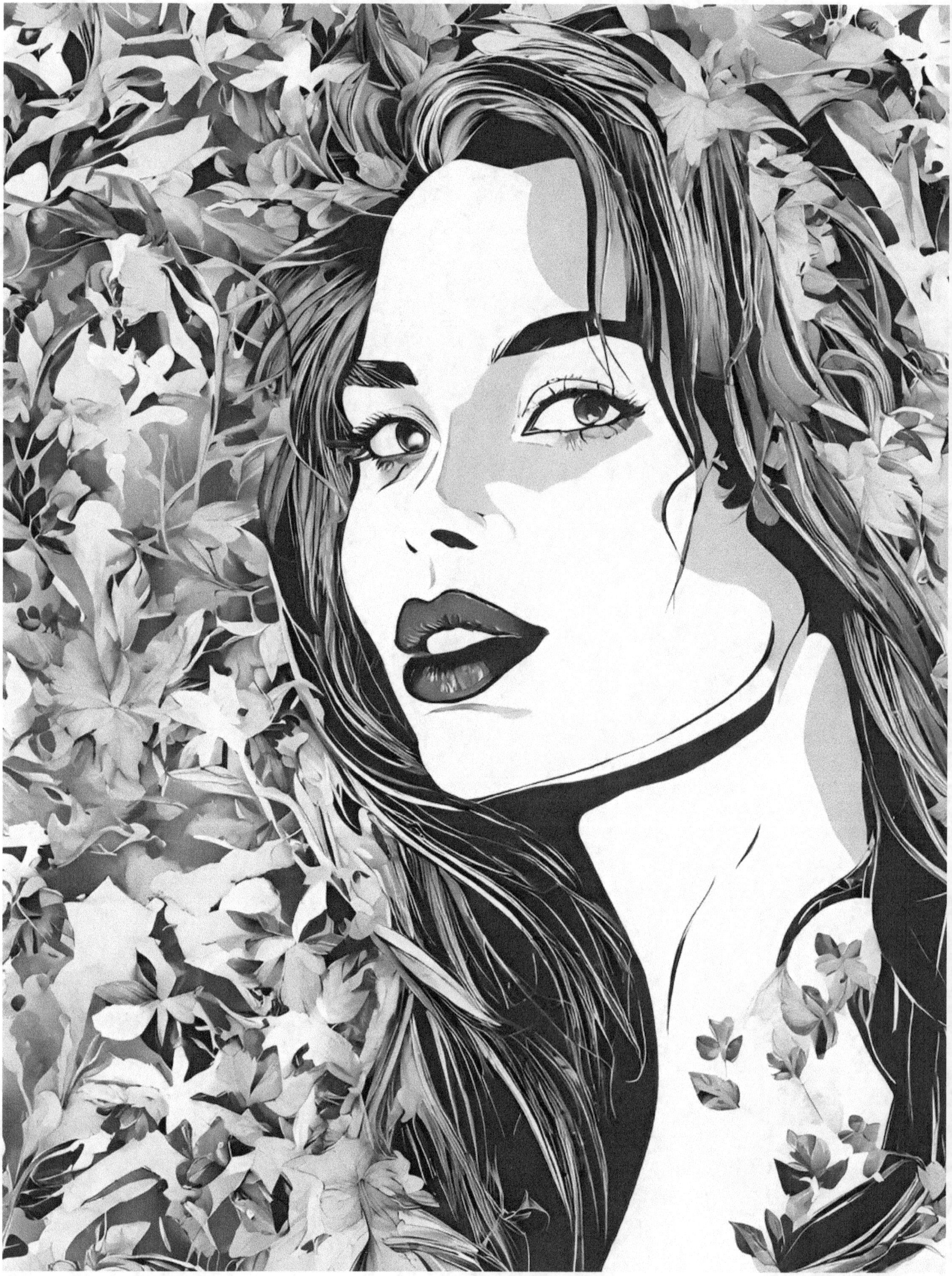

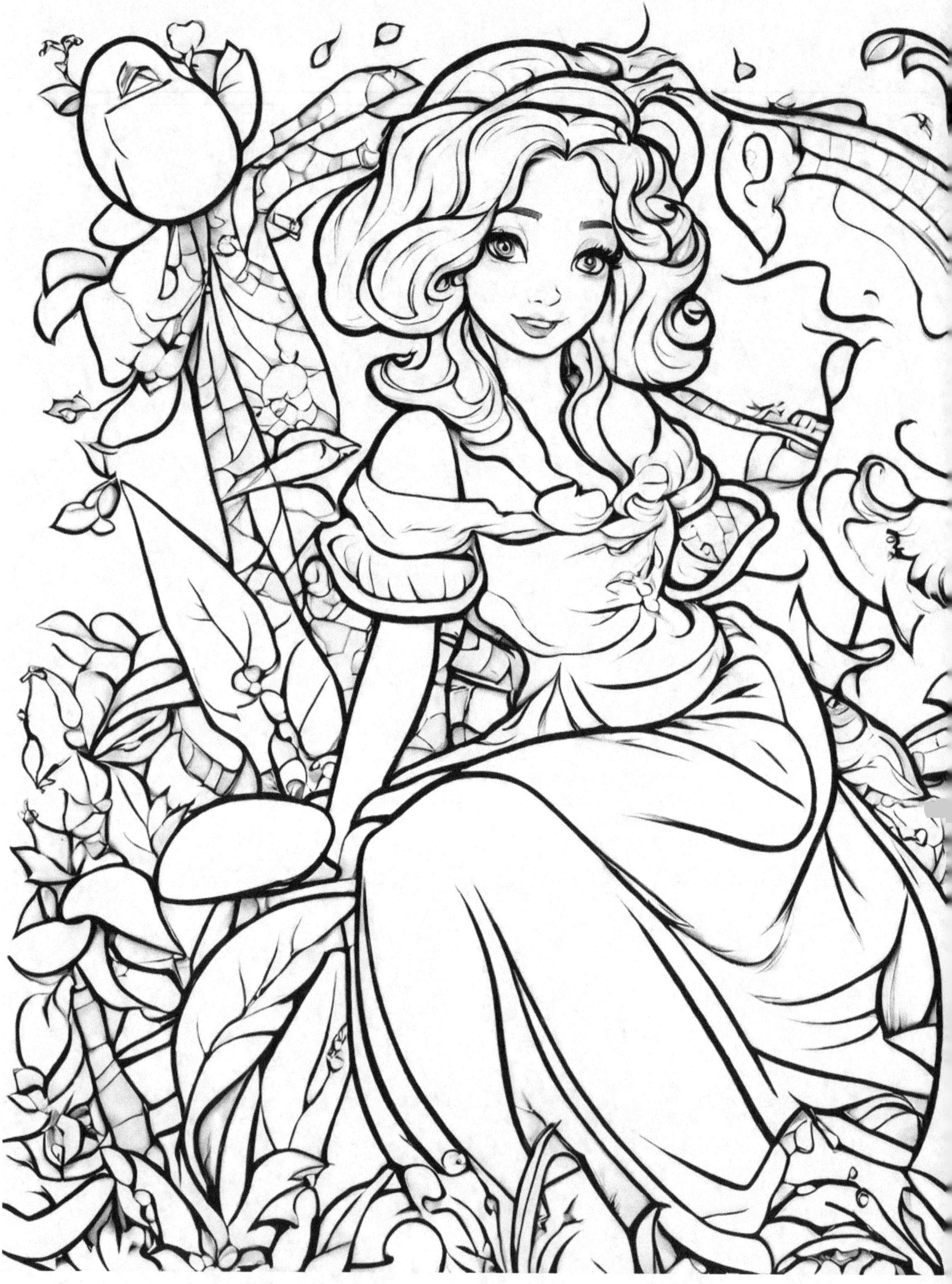

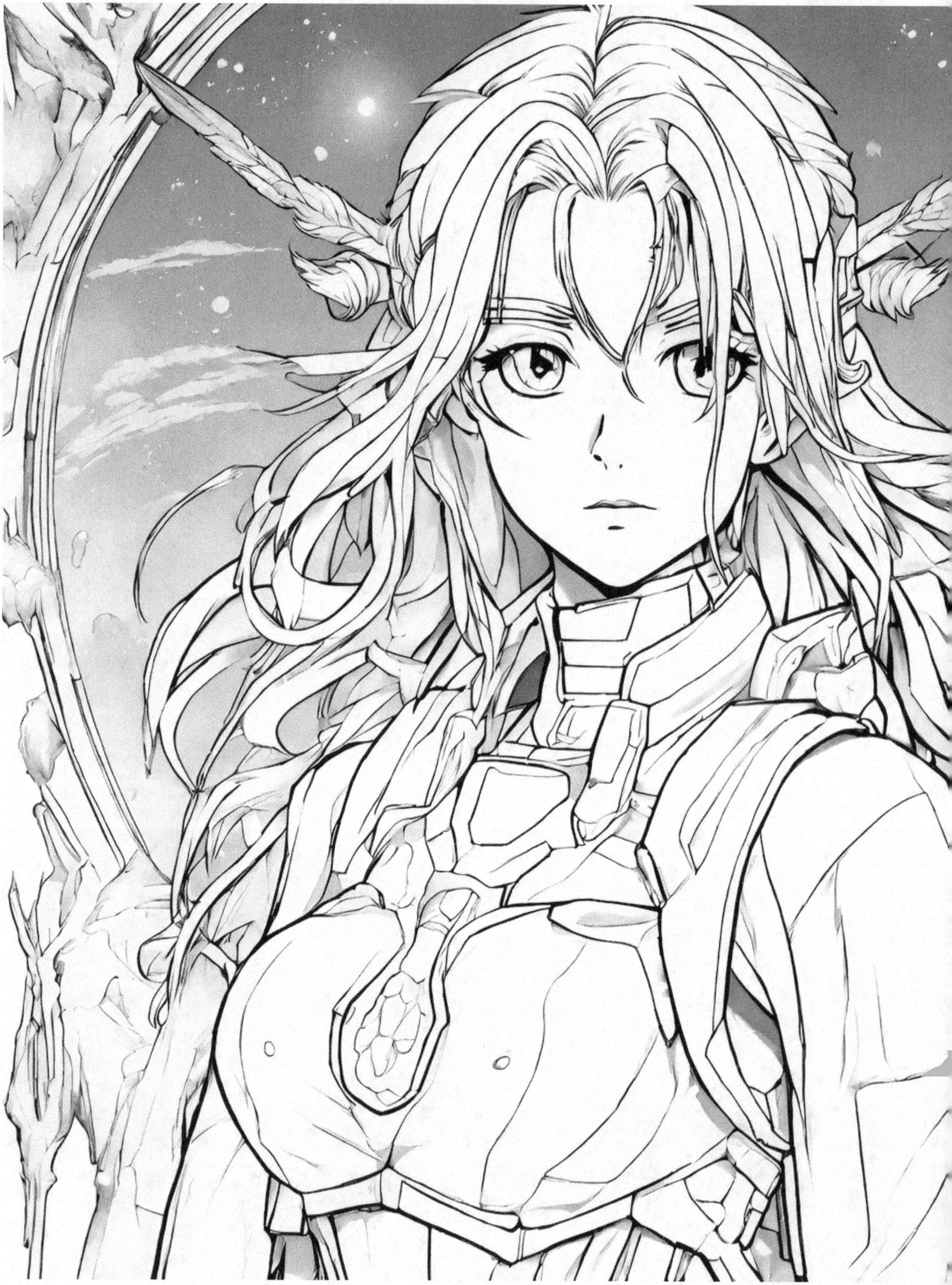

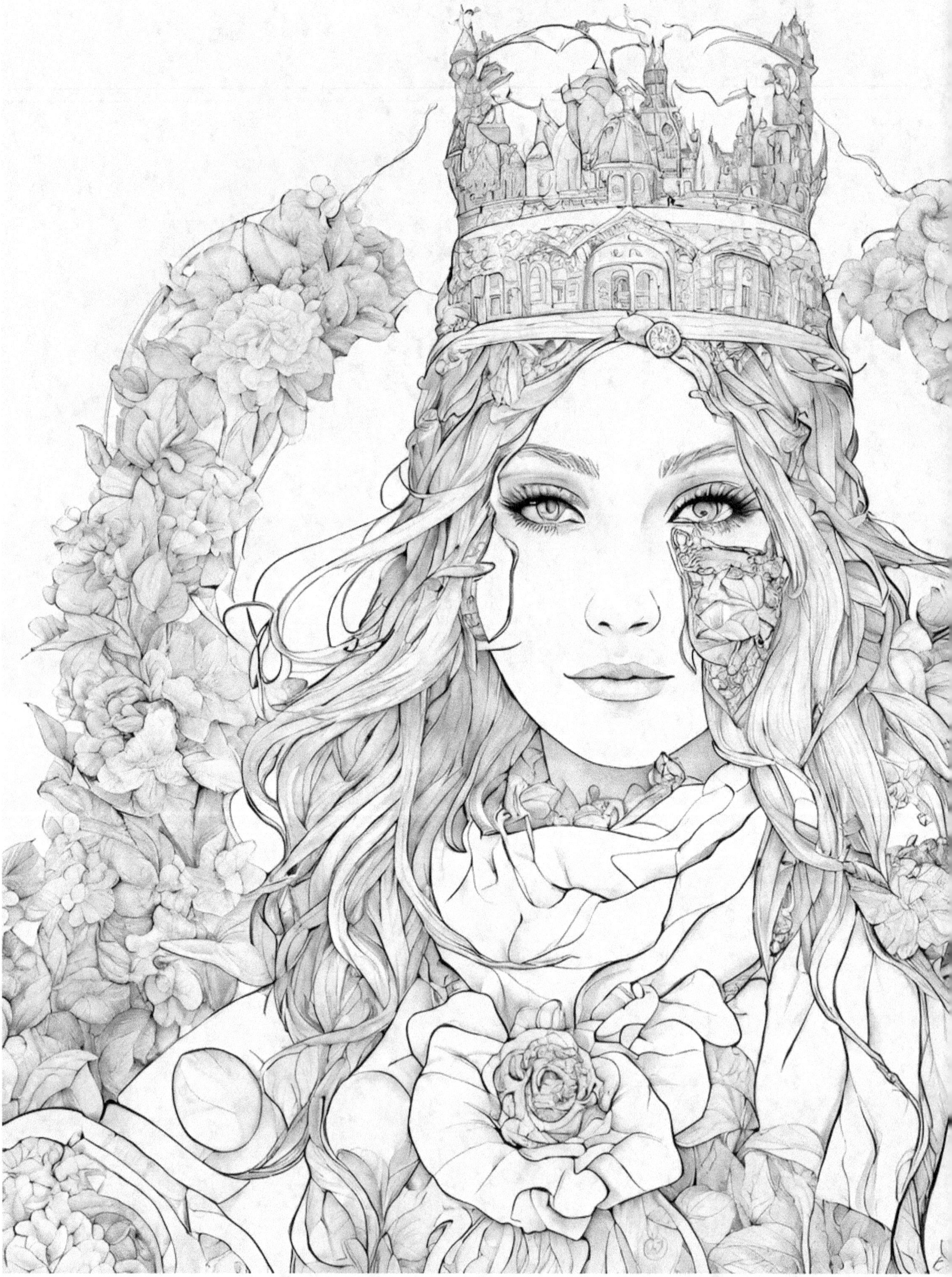

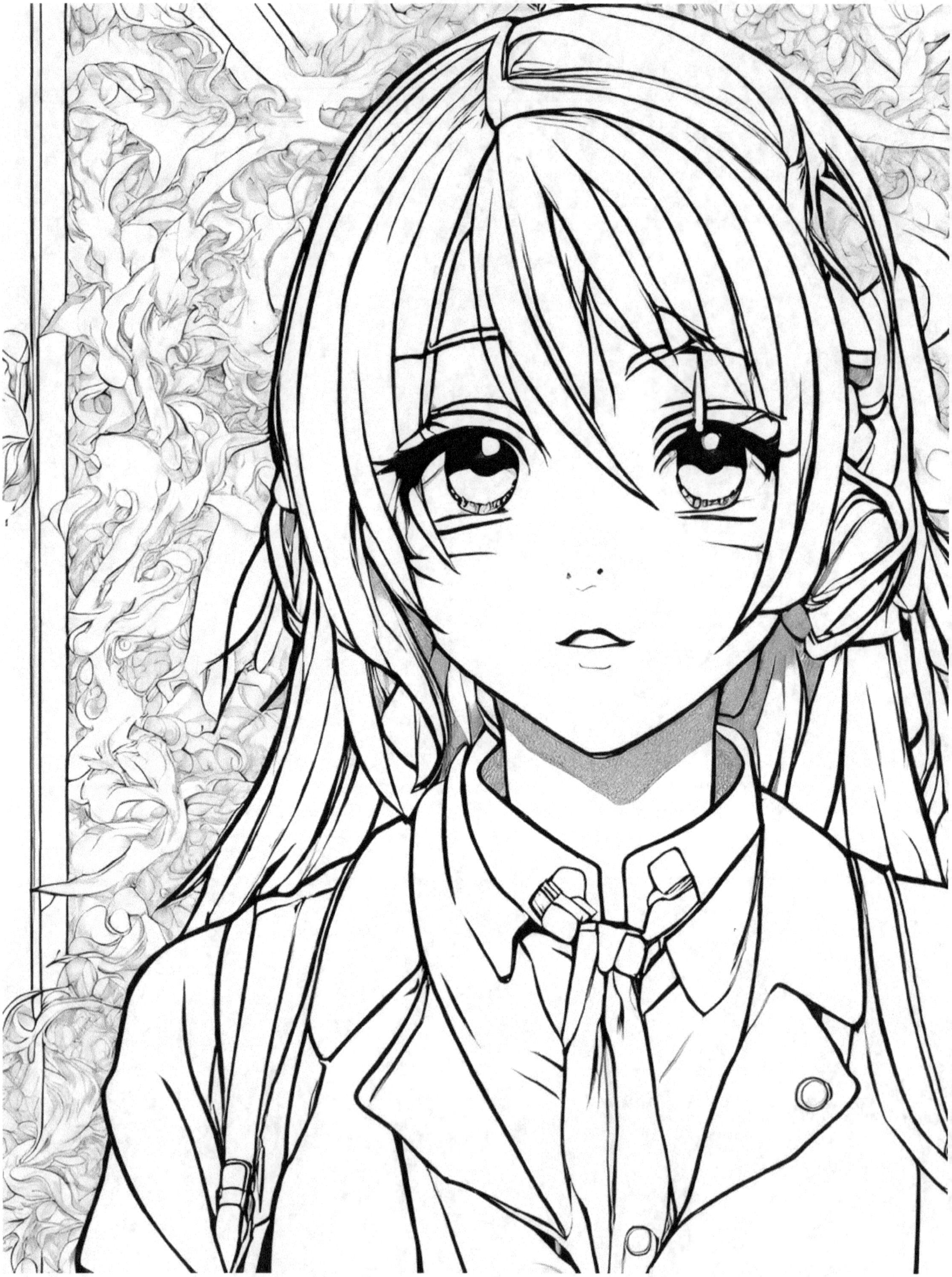

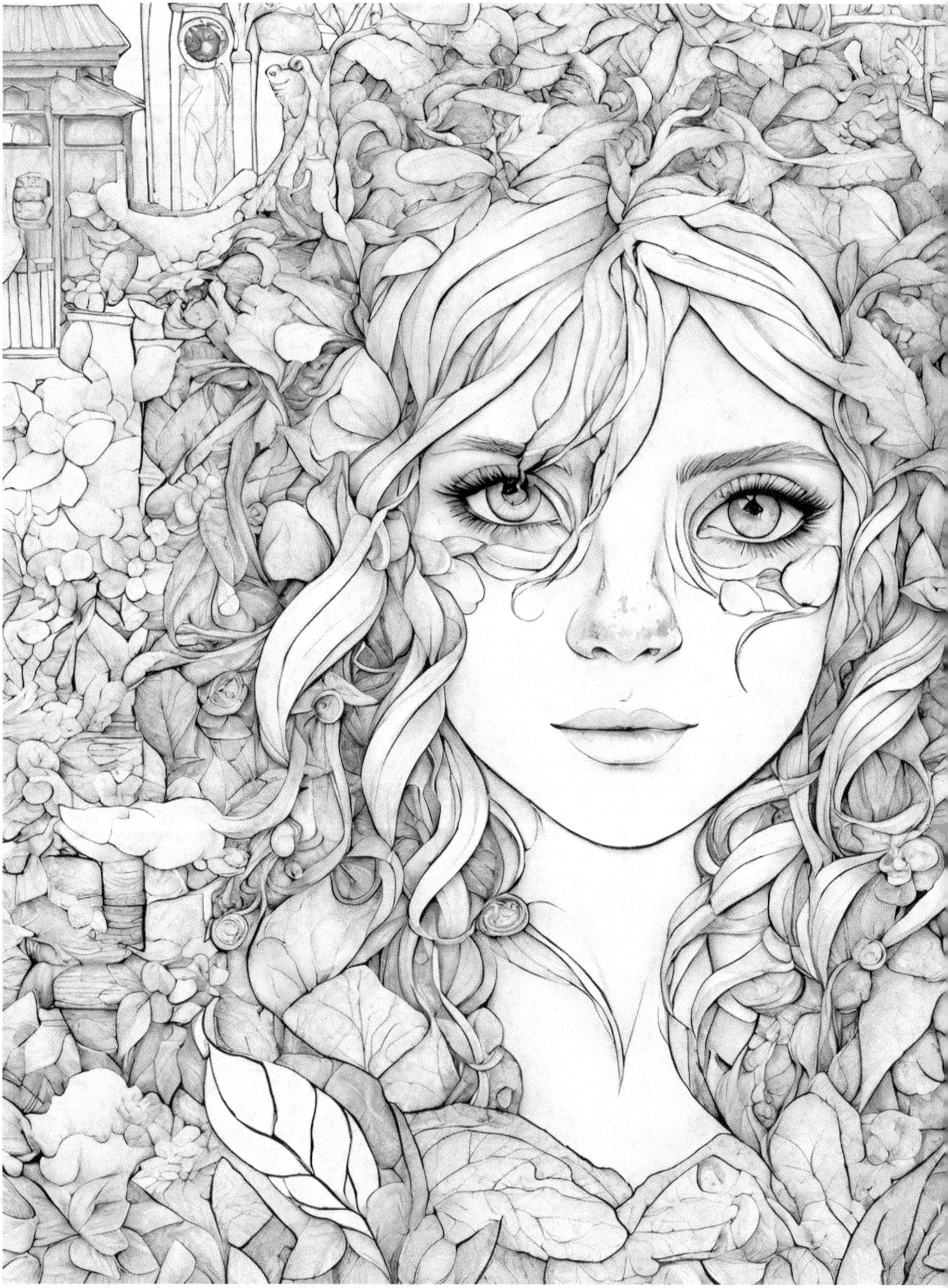

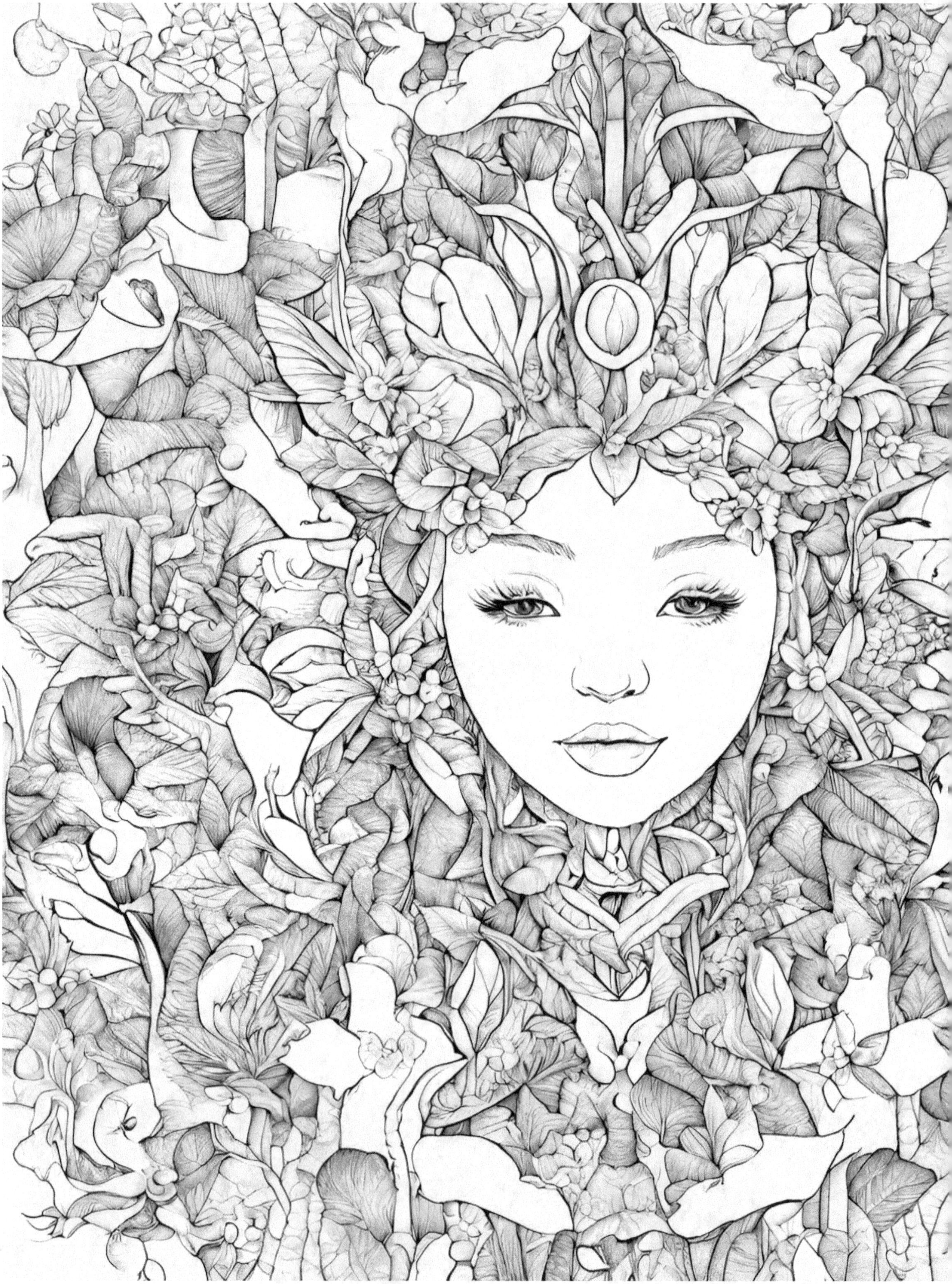

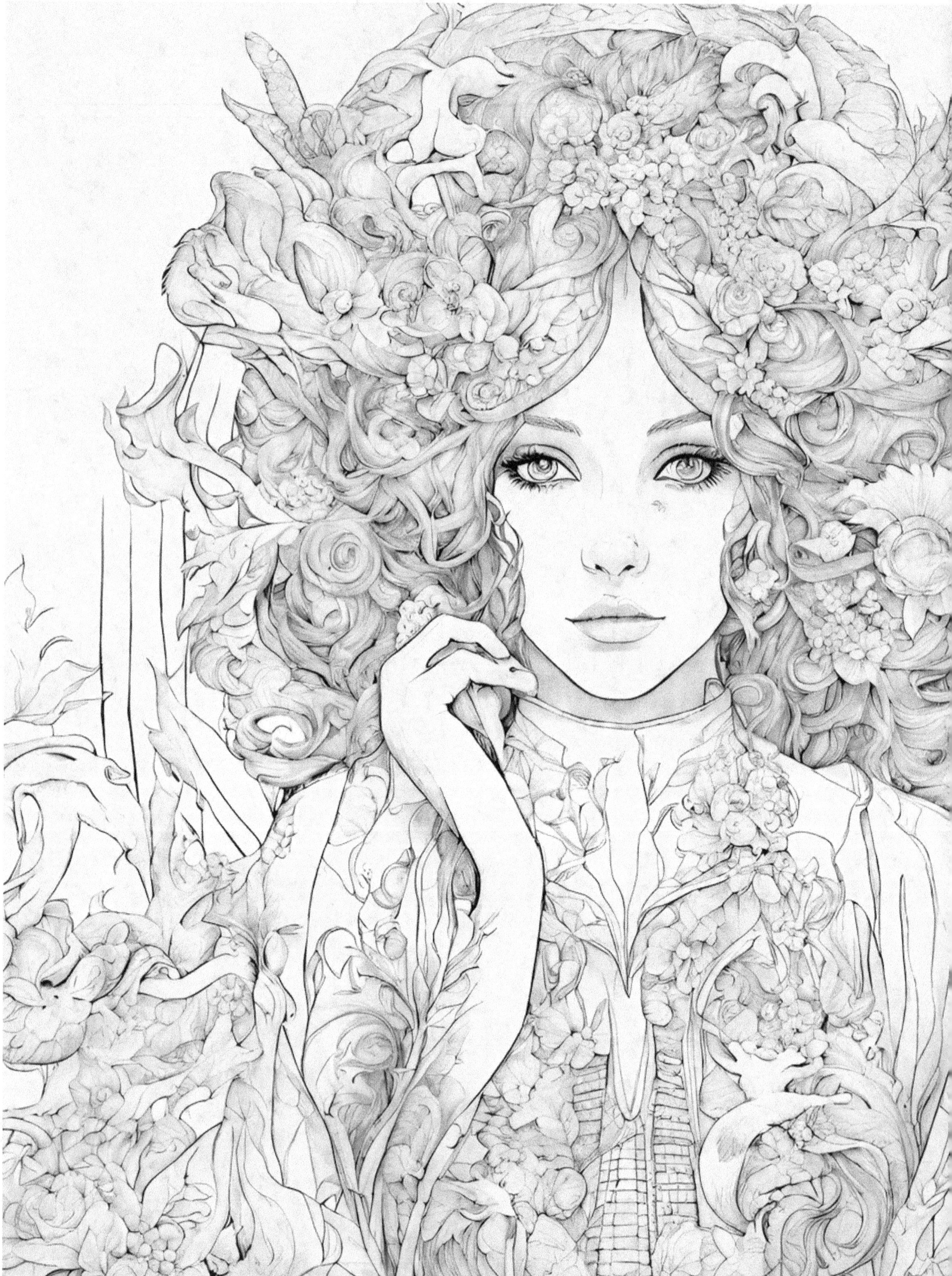

www.ingramcontent.com/pod-product-compliance
Lightning Source LLC
Chambersburg PA
CBHW080106010626
45794CB00015B/3212
* 9 7 9 8 8 7 0 8 4 2 8 7 5 *